명문대 입학을 위해
반드시 읽어야 할

생기부
고전
필독서
30

| 경제 편 |

명문대 입학을 위해 반드시 읽어야 할

생기부 고전 필독서 30

필독서
30

★ 경제 편 ★

김미성 지음   천원영 감수

데이스타
Daystar

《생기부 고전 필독서 30》 시리즈를 내며

우리는 빠른 속도로 변하는 사회에 살고 있습니다. 그 사이 정보는 폭발적으로 증가하고, 내용과 형식 면에서 더욱 다양해지고 있습니다. 이에 반해 정보의 생명력은 날이 갈수록 짧아지는 모습입니다. 이에 따라 우리 사회가 요구하는 인재상도 달라지고 있습니다.

현대 사회는 단순히 한 분야만을 전문으로 하는 인재보다는 다양한 능력과 가치를 동시에 지니며 공동체 내에서 활발히 소통하고 협력할 수 있는 전인적이며 통합적인 인재를 원합니다. 스스로 새로운 가치를 창출하고 이를 증명할 창의적이고 종합적인 사고력을 지닌 인재를 요구하는 것입니다. 이는 단순히 인지적 능력만이 아니라 정서적 능력, 실천 능력, 의사소통 능력, 창의적 능력 등 다방면의 능력과 공동체 역량까지 골고루 발달시켜야 한다는 의미이기도 합니다.

현대 사회가 요구하는 인재를 키우기 위해서는 무엇이 필요할까요? 의외로 다시 옛것으로 돌아가는 것이 요청됩니다. 변화하는 세상 속에서 변하지 않는 것을 찾는 일이지요. 바로 고전古典 읽기입니다. 고전은 시간과 공간을 초월하여 인류 문화의 보편적 가치를 담고 있습니다. 인류의 정수를 담은 보고와도 같습니다. 고전을 읽고 탐구하는 것은 단순히 지식을 습득하는 과정을 넘어서 그 시대의 문화, 사상, 가치는 물론 인간이 마주한 근본적인 질문과 답을 찾는 과정입니다. 고전은 시대를 대표하는 천재들의 사유를 포함하며, 이를 통해 학문의 발전에 기여하고 인류 발전의 원동력이 되어 왔습니다.

복잡다단한 현대 사회를 살아가며 우리가 맞닥뜨리는 문제를 해결하는 데에도 고전이 필요합니다. "나는 어떻게 살아야 하는가?", "내가 원하는 게 무엇인가?", "어떤 삶이 올바른 삶인가?", "어떤 선택을 하는 것이 도움이 되는가?"와 같이 본질적인 문제에 대해 고전이 훌륭한 조언을 줄 수 있습니다. 고전에는 시간이 흘러도 변치 않는 인류의 지혜와 통찰이 담겨 있기 때문입니다.

시대를 살아오며 많은 이들이 고민해 온 보편적인 문제들, 그 문제들을 바라보고 해결하는 과정, 그 속에서 나의 가치관을 세우는 시간. 고전을 읽다 보면 자연스럽게 경험할 수 있는 것들입니다. 이는 창의성과 비판적 사고력을 키울 수 있는 가장 좋은 방법입니다. 또한 고전을 읽다 보면 다양한 감정과 상황에 대한 이해를 넓혀 갈 수도 있습니다. 이는 자신과 타인에 대해 깊이 이해할 기회가 됩니다. 고전을 읽는 것은 단순히 책을 읽는 것이 아니라 인생을 읽고 삶의 의미를 탐구하는 일입니다.

최근 교육의 흐름도 바뀌고 있습니다. 통합적 전인적 인재 양성이 중요해짐에 따라 고교학점제가 도입되고, 문이과가 통합되었습니다. 이에 따라 학생들은 스스로 진로를 탐색하고 결정하여 교과목을 선택해야 합니다. 이번 《생기부 고전 필독서 30》 시리즈는 2022 개정 교육과정과 2028 대입 개편안에 따라 학교생활기록부에 교과 세부 능력 및 특기사항의 중요성이 커지고 있는 교육 현장의 변화를 반영하여 기획되었습니다.

고전의 중요성에 공감하는 현직 교사 6명이 한국문학, 외국문학, 경제, 과학, 역사, 철학 등 다양한 분야의 대표적인 고전 작품 180편을 엄선하여 소개합니다. 국내 굴지의 대학들이 제시하는 권장 도서 혹은 필독 도서를 중심으로 학생들이 반드시 살펴보아야 할 대표적인 작품을 담았습니다. 이렇듯 다양한 영역의 고전 독서는 학생들이 선택의 방향을 잡는 데 나침반이 되어 줄 것입니다.

이 책에는 고전에 대한 소개뿐 아니라 학생들의 학업 역량을 향상시킬 수 있는 내용, 심화 탐구 활동 가이드를 함께 제공함으로써 단순히 독서 활동에서 끝나지 않고 학업과 연계될 수 있도록 심혈을 기울였습니다. 핵심 내용을 통해 학생들이 고전 읽기에 대한 심리적 허들을 낮추고 한결 편안하게 고전을 받아들일 수 있도록 하였으며, 작품에 대한 꼼꼼한 해설로 내신 대비도 가능하도록 했습니다.

한 단계 더 나아가 교과별로 고전과 연계하여 찾아볼 탐구 주제와 방향 등을 제시하여 학생들이 고전 독서를 학교생활기록부 교과 세특과 연계하여 반영할 방법을 예시를 통해 안내하였습니다. 이는 독서를 통해 학생부종합전형을 대비할 수 있는 최고의 방법이 되어 줄 것입니다.

고등학교의 생활기록부는 그 학생의 명함이나 마찬가지입니다. 자신의 진로를 위해 준비해 나가는 모습을 고스란히 담은 것이 바로 학교생활기록부입니다. 현직 교사로서 학교생활기록부의 중요성을 크게 체감하고 있습니다. 진로가 확고하든 확고하지 않든 가장 안전하고 편안하게 접근할 수 있는 방법이 바로 독서입니다. 더구나 그것이 양질의 독서라면 더할 나위 없을 것입니다. 나만의 포트폴리오를 만드는 방법으로, 고전 독서를 통해 학교생활기록부의 로드맵을 그려 보길 추천합니다.

이 책을 통해 학생들이 독서의 즐거움과 삶의 가치를 배우고, 학부모님들은 자녀가 독서를 통해 풍부한 경험과 지식을 쌓도록 도울 방법을 찾길 바랍니다. 교사들 또한 학생들에게 독서를 장려하는 효과적인 방법을 찾을 수 있으면 더욱 좋겠습니다.

이 고전 시리즈가 여러분의 독서 여정을 돕고, 그 기록이 학교생활기록부를 통해 더욱 빛나기를 바랍니다. 그 과정에 이 시리즈가 도움이 되기를 기원합니다. 감사합니다.

《생기부 고전 필독서 30》
경제 편을 내며

저는 수학 교사로서 교육 현장에서 학생들의 잠재력을 최대한 이끌어내고 그들의 미래를 밝히기 위해 최선을 다해 왔습니다. 그 과정에서 수학이 단순한 학문을 넘어, 학생들의 논리적 사고와 문제 해결 능력을 기르는 데 중요한 도구가 된다는 것을 깊이 깨달았습니다.

특히 경제학은 수학적 사고를 통해 현실 세계의 복잡한 현상과 문제를 이해하고 분석하는 매력적인 학문 분야입니다. 그렇다고 하여 경제학이 단순히 숫자와 이론의 집합체인 것은 아닙니다. 그것은 인간의 행동과 사회의 구조를 이해하고, 세계를 더 나은 방향으로 변화시키기 위한 지혜를 제공합니다. 이러한 경제학의 본질과 복잡성을 파악하기 위해서는 이론과 분석의 기초를 다지는 것이 중요합니다. 그 기초를 탄탄히 다지는 가장 효과적인 방법 중 하나가 바로 경제 고전을 깊이 읽는 것입니다.

고교 현장에서 학생들이 생활기록부의 방향을 잡으면서 겪는 어려움을 가까이서 보다 보면, 경제 고전이 주는 풍부한 지혜를 쉽게 이해하지 못하거나 진정한 배움의 기쁨을 누리지 못하는 경우가 많았습니다. 이 책은 바로 그러한 문제들을 해결하기 위한 실용적인 가이드로, 학생들이 경제 고전에 대한 이해를 높이고 자신의 이야기를 더욱 생생하고 설득력 있게 전달할 수 있도록 돕고자 했습니다.

이 책은 두 가지 큰 목표를 가지고 있습니다. 첫째, 학생들이 생활기록부를 채워나가는 과정에서 자신을 더욱 효과적으로 표현할 수 있도록 돕는 것입니다. 둘째, 경제 고전의 핵심 내용을 이해하고, 이를 바탕으로 생활기록부에 어떻게 적용할 수 있는지 구체적인 가이드를 제공하는 것입니다.

각 작품에 대한 설명과 함께 학생들이 반드시 알아야 할 핵심 개념과 이론을 명확히 하고, 이론을 실제 사례에 어떻게 적용할 수 있는지 구체적인 예시를 통해 설명하였습니다. 또한 경제 고전을 읽으면서 어떤 학문적 질문을 던져야 하는지, 어떻게 비판적 사고를 기를 수 있는지도 안내합니다. 이 가이드는 경제학의 기초를 다지는 데 필요한 이론적 지식뿐만 아니라, 교과 내신에도 도움을 줄 수 있도록 설계하였습니다. 단순히 책을 읽는 것으로 끝나는 것이 아니라, 이를 통해 얻은 지식을 어떻게 교과와 연계하여 활용할 수 있는지에 대한 구체적인 예시와 지침도 포함하였습니다. 생활기록부에 기록될 수 있는 구체적 독후 활동과 관련된 과목별 세부능력 특기사항 활용 방법도 제시하였으며, 이를 통해 학생들이 학문적 성취와 진로 계획에 실질적인 도움을 받을 수 있도록 하였습니다.

이 책을 통해 많은 학생들이 자신감 있게 생활기록부를 채워나가고, 경제 고전이 주는 지혜로 더욱 풍부한 사고를 할 수 있기를 바랍니다. 또한 고등학교 생활기록부와 경제 분야 진로의 꿈에 첫걸음을 내딛는 데 있어 도움이 되기를 간절히 바랍니다.

마지막으로 이 책을 출간하기까지 끊임없는 응원과 격려를 보내 준 사랑하는 가족과 학생들에게 진심으로 감사의 마음을 전합니다.

《생기부 고전 필독서 30》
경제 편을 감수하며

고등학교에서 경제를 가르치면서 느끼는 점은 학생들이 경제를 굉장히 어렵게 생각한다는 것입니다. 그러나 경제는 인간과 사회를 이해하는 데 중요한 관점을 제공하는 학문입니다. 경제학자들은 인간의 경제적 행동을 이해하고 사회적 번영을 이루기 위해 다양한 이론적 틀을 제공해 왔습니다. 그들의 사상은 오늘날에도 여전히 경제 정책과 이론을 형성하는 데 중요한 역할을 하고 있습니다. 따라서 경제 고전을 읽는 것은 오늘날의 경제 문제를 깊이 있게 이해하고 이를 해결할 지혜를 얻을 수 있는 소중한 기회입니다.

이 책을 감수하면서 가장 인상 깊었던 점은 경제 자체를 어려워하고 부담스러워하는 학생들에게 너무도 쉽고 친절하게 경제 고전의 내용을 소개하고 있다는 것이었습니다. 경제 고전 각 권의 내용을 한눈에 파악할 수 있도록 정리했을 뿐 아니라, 각각의 고전이 쓰인 시대적 배경과 사회적 배경을 설명하였고, 반드시 알아야 할 기본 개념과 용어를 자세히 소개하고 있었습니다. 나아가 관련 전공과 분야에 관심이 있는 학생으로 하여금 각각의 경제 고전과 자신의 진로를 어떻게 연관시킬 수 있는지, 관련하여 어떠한 후속 활동을 할 수 있는지 세세하게 알려줌으로써 친절한 생기부 활용 안내서가 되어 주고 있었습니다.

마지막으로 이 책은 학생들뿐 아니라 학교 현장에 계시는 선생님들께도 큰 도움이 될 것입니다. 학생들과 함께 경제 고전을 읽으며 내실 있는 수업 활동을 진행하고픈 선생님들뿐 아니라 경제 고전을 통해 학생들에게 앎과 삶의 영역을 넓혀 주고픈 선생님들께 무엇보다 큰 도움이 될 것이라 확신합니다. 특히 학교 현장에서 아이들의 현재와 미래를 생각하며 더 나은 생기부를 작성하기 위해 고민하고 애쓰시는 선생님의 마음이 고스란히 담긴 책이라 더욱 추천해 드리고 싶습니다.

이 책은 학생과 교사 모두를 위한 가장 유익한 '경제 고전 사용 설명서'가 될 것입니다.

차례

국 부 론

애덤 스미스 ▸ 비봉출판사

《국부론》은 근대 경제학의 아버지라 불리는 애덤 스미스의 대표작으로 현대 경제학의 기초를 알려주는 책입니다. 이 책에서 애덤 스미스는 '시장 경제'와 '경쟁'이 개인과 사회를 부유하게 만드는 부의 실질적 단위라고 정의합니다. 이와 함께 그는 다양한 경제 이론을 통해 개인의 자유와 경제 주체 간의 상호 작용이 어떻게 사회적 번영으로 이어질 수 있는지에 대해 이야기합니다.

애덤 스미스Adam Smith, 1723~1790는 18세기 스코틀랜드 출신의 철학자 및 경제학자로, 저서《국부론》으로 유명한 현대 경제학의 선구자입니다. 그는 경제학 이론의 선구자이자 동시에 스코틀랜드 글래스고 대학에서 논리학과 윤리학을 가르치면서 정부에서 다양한 직책을 맡아 경제 발전에 기여했습니다. 그는 1790년 세상을 떠나기 전까지 경제학과 정치경제학 분야에서 활약하였고, 그의 이론은 오늘날까지 영향력을 끼치고 있습니다.

먼저 1776년 애덤 스미스의 《국부론》이 나오게 된 배경을 살펴보겠습니다. 18세기 말, 이 시기는 산업 혁명이 본격적으로 시작되고 경제 시스템이 확대되고 변화하는 시기였습니다. 이전까지 농업이 주를 이루는 사회에서 점차 산업과 무역이 중요한 역할을 차지하기 시작했고 생산 구조와 사회적 구조가 변화하게 되었습니다. 애덤 스미스는 이 시기에 이런 변화를 관찰하고 분석하며 《국부론》을 쓰게 됩니다. 당시 유토피아적 사회주의 같은 다양한 경제 사상들이 제시되기도 했는데, 스미스는 이러한 시대 변화 속에서 자유시장 경제와 자율적인 경쟁이 국부의 증진을 이루어 낼 수 있다는 주장을 펼쳤습니다.

스미스의 시각은 당시의 경제적 변화와 함께, 개인의 이기적인 경제 행동이 결국에는 사회적 이익으로 이어질 수 있다는 낙관적인 시각을 담고 있었습니다. 그는 이를 통해 정부의 개입을 최소화하고 시장 메커니즘이 자유롭게 작동할 수 있도록 해야 한다고 주장하였습니다.

국부론의 기본 개념에 대한 원리 설명을 세 가지로 요약하면 다음과 같습니다. 첫째, 노동 분할 분업을 통한 생산성 증가가 자원의 효율적인 사용을 가능하게 한다는 것입니다. 스미스는 분업과 전문화가 노동 생산성을 향상시키고 국부를 확대한다고 강조합니다. 특정 전문화된 분업 과정에 전념함으로써 생산성이 향상되고 그에 따라 효율성이 증가한다는 주장은 현대 산업 구조에서도 여전히 중요하게 여겨집니다.

둘째, 사람들이 자신의 이익을 최대화하려고 노력하면 경쟁이 자동으로 촉발되며, 시장 경제 또한 이를 통해 성장하게 된다고 주장합니다. 스미스는 자유 시장 경제를 강조하며, 개인 간의 자유로운 거래와 경쟁이 효과적인 자원 배분을 이끌어 낼 수 있다고 말합니다. 이는 소비자와 시장 참여자들에게 혜택을 주고 효율성을 증진시킬 것으로 기대되었습니다. 개인이 자기 이익을 추구하는 행위가 결국 사회 전체의 이익으로 이어진다는 개념은 스미스의 중요한 주장 중 하나입니다. 그는 이를 통해 경제 주체들이 자발적으로 협력하면서 국부를 증가시킬 수 있다고 주장했습니다.

셋째, 경쟁 사이에 불균형이 존재하는 상황에서는 불완전한 경제 형태가 나타나며, 이때 제국주의적 대응이 발생한다고 합니다. 스미스는 정부 개입이 필요한 경우에도 최소한으로 하는 것이 중요하다고 주장했습니다. 이는 개인의 경제 활동에 대한 제한을 최소화하여 시장 메커니즘이 자유롭게 작동할 수 있도록 하는 것을 의미합니다.

국부론은 경제 활동에 개인의 이기적인 욕구라는 요소를 강조합니다. 이러한 이기적인 욕구가 사회의 이익과 연관되어 있기에 도덕 경제의 개념과는 다르게 해석됩니다. 이것이 바로 스미스가 이야기하는 '보이지 않는 손'입니다. 이는 개인의 이익 추구가 궁극적으로는 사회 전체를 부강하게 만들도록 이끄는 힘임을 보여줍니다. 자유 시장 경제에서 시장 메커니즘이 개인의 이기적 행동을 통해 효과적으로 자원을 할당하고 사회적 이익을 창출한다는 의미입니다. 이러한 국부론은 현대 사회에서 시장 경쟁의 긍정적인 부분을 설명하는 데 유용합니다. 다만 부의 집중과 불평등의 증가라는 부정적인 영향 또한 무시할 수는 없습니다.

▶ '국부론'을 현대 사회의 관점에서 바라볼 때

긍정적 효과	부정적 효과
· 경제 발전을 촉진 · 시장 경쟁을 유발	· 부의 집중 · 불평등 증가 · 경제적 불균형

《국부론》의 이론적, 논리적 개념을 반박하려는 학자들의 시도도 있었습니다. 그러나 250년이 지난 지금까지도 많은 이들이 이 책을 꾸준히 읽고 있습니다. 그 이유는 이 책이 시장 경제의 기본 구조를 토대로 체계적으로 분석하고 설명하는 세계 최초의 경제서이기 때

문일 것입니다.

애덤 스미스의《국부론》은 18세기 후반의 경제 변화와 산업화의 진전에 대응하면서, 당시의 경제 문제를 본격적으로 다루고 새로운 경제 이론을 제시하고자 한 노력의 결과물입니다. 이뿐만 아니라 현대 경제학의 중요한 출발점 중 하나로 평가받고 있습니다. 자유 시장 경제, 자기 이익 추구, 분업과 전문화, 정부 개입의 한계 등의 주제에 대해 체계적인 접근을 보여주는 그의 이론은 경제학과 정책 논의에 현재까지도 지속적인 영향을 미치고 있습니다.

이 책을 통해 수요와 공급에 의해 가격이 결정되는 '보이지 않는 손'의 개념이 현대 자유무역주의의 기초 이론으로 연결될 수 있음을 고민해 보고, 더 나아가 이를 현재 사회 현상에 적용하여 인플레이션과 자유무역주의와의 균형과 조화를 어떻게 발전시켜 나갈 수 있는지에 대한 자신만의 성찰과 대안 제시를 해보면 좋겠습니다.

도서 분야	경제	관련 과목	통합사회, 경제, 정치, 윤리와 사상, 사회문제 탐구	관련 학과	사회학과, 경제학과, 정치외교학과, 철학과, 윤리학과

▸ 기본 개념 및 용어 살펴보기

경제학의 기본 개념 및 용어	
개념 및 용어	의미
인플레이션	화폐 가치가 하락하여 물가가 전반적, 지속적으로 상승하는 현상
디플레이션	경제의 전반적인 물가 수준이 전반적, 지속적으로 하락하는 현상
중상주의	15세기부터 18세기 후반까지 서유럽 제국에서 채택한 경제 정책으로, 국가가 경제 활동의 주체로서 앞장서서 국부를 증진시킴으로써 군주권을 강화하고 국가의 세력을 대내외적으로 강화시키는 정책

▸ 시대적 배경 및 사회적 배경 살펴보기

'국부론'의 원제는 '국부의 본질과 원천에 대한 탐구'이다. 이 책은 애덤 스미스가 중소 상공인, 은행인, 기술자 등 각계각층 인사들과 두루 교류하며 경제, 정치, 사회에 관한 이야기를 듣고, 토론하고, 열심히 발품을 팔아서 쓴 것으로, 특히 깊은 철학적 기초를 바탕으로 경제 발전의 요인과 과정을 분석하여 국부의 증대 과정이 어떻게 이루어지는지를 이야기하는 경제 고전이다. 애덤 스미스의 철학적 기초는 인간의 이성을 신뢰하고, 자연적 자유와 자연법의 존재를 믿는 스코틀랜드 계몽주의에 기반하고 있다. 인간의 본성과 공정한 질서를 바탕으로 모든 것이 자연스럽게 흘러간다고 생각한 애덤 스미스는 '국부론'을 통해 신학에서 시작하여 윤리학과 법학을 거쳐 완성되는 그만의 통찰된 경제학으로 '보이지 않는 손'의 힘을 강조한다. 현대 사회에도 시사하는 점이 많아 최고의 경제 고전이라 불린다.

현재에 적용하기

이 책에서 적용되는 국부론 개념이 현재 경제 발전에 어떤 도움이 되었는지 구체적인 현상이나 사례를 찾아보자.

생기부 진로 활동 및 과세특 활용하기

▸책의 내용을 진로 활동과 연관 지은 경우(희망 진로: 경제분석가)

평소 경제에 대한 흥미와 관심이 높은 학생으로 경제 고전을 통한 교과서 개념의 연계 탐구하기 활동에 참여하여 경제학자들의 핵심 이론을 요약하고 자신만의 경제학 노트에 체계적으로 정리함. 특히 '국부론(애덤 스미스)'을 읽고 책 속에 등장하는 경제 용어의 의미에 대해 자료를 조사하고, 개념 보고서를 작성한 후 친구들에게 쉽게 설명하여 많은 호응을 받음. 중상주의라는 경제 용어의 의미를 책에서 찾고, 이와 관련하여 시대적 배경에 따른 중상주의 정책의 장단점을 비교 분석하는 보고서를 작성함. 국부론에서 주장하는 내용과 중상주의의 상충되는 점이 어떤 부분인지 자신만의 경제학적 재해석으로 의미를 부여하는 부분이 돋보임. 또한 '국부론'의 통합적인 시각을 강조하며 현대 사회에서 자유 시장 경제 체제에 적용되는 긍정적 효과와 부정적 효과를 포괄적으로 설명하는 스토리보드판을 제작하여 발표하는 등 '나도 경제 분석가' 활동에서 뛰어난 공동체 사회 역량을 발휘함. '고전 깊이 이해하기' 연계 선택 활동에서 '국부론'의 핵심 명제인 '보이지 않는 손'을 형상화한 시각적 이미지를 디자인하여 자신이 읽은 고전의 핵심 키워드를 만들어 친구들에게 소개하는 등 수업 시간에 적극적으로 참여함. 수업 시간마다 사회 경제 분야에 통용되는 기초적인 경제 개념 원리를 확실히 익히고자 하는 열정과 의지를 효과적으로 드러냈으며 고전과 연계한 경제 에세이로 독창적이고 완성도 높은 결과물을 내고 좋은 평가를 받음.

▸ 책의 내용을 사회 교과와 연관 지은 경우

사회에서 일어나는 다양한 경제 현상의 의미와 그 이면에 관심이 많은 학생으로, 경제학 분야의 기초 개념을 정립하기 위해 경제 고전 속에서 해답을 찾아 발표함. 그중 '국부론(애덤 스미스)'을 읽고 250년 전의 경제 상황이지만 부에 대한 갈망과 사회 현상은 지금 삶의 모습과 다르지 않다는 생각을 개진함. 특히 '국부론'을 통해 현대 사회에서 우리가 겪고 있는 경제 문제의 실마리를 찾아내 '모든 부의 근원은 노동이다.'라는 핵심 사상을 염두에 두고 사회를 구성하는 모두가 상생하여 행복할 수 있는 해결 방안에 대해 고민하고, 이에 대한 경제 탐구 보고서를 완성도 높은 결과물로 제출함. 또한 '고전 읽기 추후 활동 선택 과제'에서 '국부론'에서 다루는 정부의 개입에 따른 자유 메커니즘의 시장 경제 부분을 재조명함. 경제 주체인 가계와 기업, 정부의 역할과 경제적 목표에 대해 명확히 정립하고, 가계와 기업은 공통적으로 국가에 세금을 납부하고 정부는 이를 통해 재원을 마련하여 시장 기능을 보완하기 위한 다양한 사회 간접 자본을 생산한다는 점을 논리적으로 접근하여 경제 에세이를 완성함. 경제학 고전의 흐름을 잘 파악하고 추후 이어지는 경제학자들을 시대별로, 학파별로 체계적으로 구분하여 경제학자 맵을 완성하여 친구들에게 수업 시간에 모둠 특화자료로 소개하는 등 사회적 소통 역량과 공동체 역량을 발휘하여 동료들로부터 많은 호응을 받음.

후속 활동으로 나아가기

▸ '국부론'의 이론을 현대 우리나라 경제와 역사에 접목시켜 대입하고 분석하여 더 나은 미래를 위한 비전을 제시하는 경제 에세이를 작성해 보자.

▸ 국부의 핵심 사상인 '모든 부의 근원은 노동이다'를 염두에 두고 현대 우리 사회에서 사람들이 겪고 있는 경제 문제의 실마리를 찾아 자신만의 대안과 해결책을 제시하는 경제 탐구 보고서를 작성해 보자.

▸ 애덤 스미스의 또 다른 명저 '도덕 감정론'을 읽고 스미스의 경제학 개념을 비교하는 서평을 작성해 보자.

▸ '보이지 않는 손'이라는 가격 기구가 시장에 가장 큰 효율성을 가져다줌에도 불구하고 왜 현대 사회에서는 부분적으로 국가의 시장 개입이 이루어지는지 토의해 보자.

▸ 이 책에서 이야기하는 개념이 현재 경제 발전에 어떤 도움이 되었는가를 구체적으로 알아보고, 그렇지 않다면 그 이유를 토론해 보자.

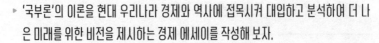

함께 읽으면 좋은 책

애덤 스미스 《**도덕 감정론**》 비봉출판사, 2009.

칼 마르크스 《**자본론**》 비봉출판사, 2015.

로버트 하일브로너 《**세속의 철학자들**》 더테라스, 2023.

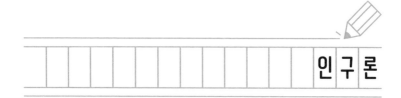

인 구 론

토머스 맬서스 ▸ 동서문화사

《인구론》은 인구 증가와 후생 자원의 가용성 사이의 관계를 탐구하는 토머스 맬서스의 책입니다. 인구의 증가에 따른 식량 문제와 인류의 생존 문제에 대한 논의까지 다루고 있어, 현대에도 많은 시사점을 주는 책입니다.

저자 토머스 로버트 맬서스Thomas Robert Malthus, 1766~1834는 18세기 말부터 19세기 초에 영국에서 활동한 경제학자입니다. 맬서스는 케임브리지 대학교에서 수학을 공부하고 이후에 성직자가 되었다가 경제학과 자연 과학에 대한 흥미가 생겨 성직자 생활을 그만두고 다시 경제학 연구에 몰두한 학자입니다.

맬서스의《인구론》이 나오게 된 배경은 18세기 후반으로 산업 혁명의 초기입니다. 당시 유럽은 사회 및 경제적인 변화가 급격히 진행되던 시기였습니다. 특히 산업 혁명으로 생산력이 크게 향상되면서 인구 증가와 경제의 관계가 주목받았습니다. 당시는 주로 농업에 의존하던 사회였고, 식량의 양적 증가는 인구 증가에 직결되었으며 이는 생존 및 번영과도 밀접하게 관련되었습니다. 이와 함께 18세기 후반에는 유럽에서 인구가 증가하고 있었는데, 이에 따라 식량 수요의 증가와 함께 인구와 식량 간의 관계에 대한 논의가 더욱 깊이 있게 진행되었습니다.

이뿐만 아니라 이 시기는 과학과 경제학의 비약적인 발전이 이루어진 시기로, 맬서스는 이러한 지적 환경 속에서 자신의 이론을 발전시켰습니다. 《인구론》에서도 경제, 사회, 자연 과학 등 다양한 분야의 지식을 종합해 인구와 식량 문제를 다루고 있습니다.

맬서스에 따르면 인구는 기하급수적으로 증가하는 경향이 있습니다. 반면 식량 생산은 산술급수적으로 증가합니다. 그 결과 인구 수가 식량 생산량을 앞지르게 되면 식량 부족이 발생합니다. 맬서스는 인구 증가는 생식력과 출산율의 상승, 의료 기술의 발전 등으로 인해 발생한다며, 이러한 인구 증가를 식량 생산이 따라잡지 못한다면 인구와 식량 사이의 불균형이 생기고 식량 부족은 기근, 질병, 전쟁 등의 비극적인 결과를 초래할 수 있다고 경고합니다.

이에 대해 맬서스는 인구의 제한과 식량 생산의 증가를 통해 이러한 문제를 해결해야 한다고 주장합니다. 결혼 연령을 늦추고, 출산율을 낮추고, 특정 지역이나 국가로의 인구 유입을 통제하는 등의 방법을 통해 인구 증가를 제한하고, 동시에 식량 생산을 증가시켜야 한다는 것입니다. 그는 이를 통해 사회의 안정과 번영을 이룰 수 있다고 말합니다.

이러한 맬서스의 주장에 일부 사람들은 반론을 제기하기도 합니다. 맬서스의 논리대로라면 어떻게 인류가 아직 멀쩡히 잘 살고 생존할 수 있느냐는 것입니다. 이에 대해 맬서스는 다음과 같은 맬서스 트랩으로 설명하며 답합니다.

▸ **맬서스 트랩**

> 농업 기술 발달 → 생산 증가, 삶의 질 향상 → 인구 증가 →
> 식량 부족, 위생 악화, 전쟁 발생, 질병 증가 → 인구감소 →
> 위생 및 식량 여건 개선 → 인구 증가 → (무한반복)

멜서스 트랩이란 농업 기술이 발달하면서 생산력이 증가하고 삶의 질이 향상되면서 인구가 증가하나 이내 식량 부족이나 위생의 악화, 전쟁이나 질병의 발생 등으로 인해 다시 인구가 감소하고, 위생 및 식량 여건이 개선되면서 인구가 다시 증가하는 이 흐름이 무한히 반복된다는 것입니다.

맬서스는 이런 상황이 반복되면서 인류는 삶의 질이 낮은 상태를 계속 유지하게 되고, 기술 발달과 같은 요소도 이러한 인구 사이클을 상쇄하기에는 충분하지 않다고 주장합니다. 그렇기에 무책임한 인구 증가와 그에 따른 환경 오염, 분쟁, 식량 부족과 같은 사태를 막기 위해서 인구 증가를 억제하는 대책이 필요하고, 필연적인 인구 증가와 자원 사이의 균형을 유지하기 위해서 개인과 사회가 함께 노력해야 한다는 것이 이 책이 전하는 핵심 메시지입니다.

비록《인구론》의 인구 증가 모델은 사회정치적인 요인을 고려하지 않은 점, 기술 발전과 농업 혁신을 고려하지 않은 점에서 한계가 있으나 인구 증가에 따른 여러 문제, 즉 환경 오염, 분쟁, 위생 악화 등 다양한 문제에 대해 경각심을 일깨웠다는 점에서 의미가 있습니다. 또한 무책임한 인구 증가와 기술 만능주의 풍조를 경계하며 합리적인 인구 조절의 필요성을 제시했다는 점에서 경제 고전으로서 우리에게 시사하는 바가 크다고 할 수 있습니다.

현대 사회를 살고 있는 우리가《인구론》을 읽어야 하는 이유는 다음과 같습니다. 첫째, 맬서스의《인구론》은 인구와 식량 간의 관계를 중심으로 한 이론으로 인류 역사에서 중요한 문제 중 하나인 인구 문제에 대한 근본적인 이해를 제공합니다. 이를 통해 인구 증가와 자원의 한계가 어떻게 상호 작용하는지 이해할 수 있습니다.

둘째, 맬서스는 식량 생산의 한계에 주목하며, 자원의 한계와 관런된 이론을 제시하는데, 이를 통해 현대 사회에서 관심이 큰 지속 가능한 자원 이용과 인구 증가에 따른 문제 해결 방안에 대한 인식을 높일 수 있습니다.

셋째, 맬서스의 이론은 당시의 사회적 변화와 경제적 상황을 반영하고 있습니다. 따라서 그의 인구론을 통해 당시 유럽과 세계의 사회적, 경제적 상황을 이해할 수 있습니다.

마지막으로 맬서스는 경제학뿐만 아니라 인구학과 생물학 등 다양한 분야의 지식을 융합하여 이론을 구축했습니다. 이는 미래 사회에 꼭 필요한 융합 사고력을 함양하는 데도 실마리를 줄 수 있습니다.

결론적으로 이 책을 통해 우리는 인구 정책과 사회 발전에 대해 고찰하고, 인구와 자원 관리의 중요성을 현재 시점에서 다시 한번 고민해 볼 수 있습니다. 인구 증가 및 경제 발전과 관련된 경제학, 사회학, 환경 연구, 공공 정책, 사회사상 등 광범위한 영향을 체계적으로 조사하며 경제적, 사회적 사고 역량을 기르고 경제학의 흐름에서 대표 이슈들을 직접 정리해 보아도 좋겠습니다.

도서분야	경제	관련과목	통합사회, 경제, 정치, 사회와문화, 윤리와 사상, 사회문제탐구	관련학과	사회학과, 경제학과, 정치외교학과, 통계학과

고전 필독서 심화 탐구하기

▶ 기본 개념 및 용어 살펴보기

경제학의 기본 개념 및 용어

개념 및 용어	의미
산술급수적 증가	등차수열의 규칙에 따라서 증가하는 것을 말함. 즉 일정한 차를 더하여 단조롭게 증가하는 형태
기하급수적 증가	일정한 비율을 곱하여 증가하는 것을 말함. 즉 증가하는 수나 양이 아주 많아지는 형태
공공 정책	공공의 이익을 위해 정부 기관이 공식적으로 결정하고 수행하는 정책

▶ 시대적 배경 및 사회적 배경 살펴보기

토머스 맬서스의 '인구론'이 출간된 시대적 배경은 유럽의 산업 혁명 초창기로, 경제 발전의 시기인 동시에 미국 독립 혁명과 프랑스 혁명이 일어난 지 얼마 되지 않은 격변의 시기였다. 이상적 낙관론이 팽배한 그 시기에 저자는 빈민층을 구제하기 위해서 인구 증가를 막아야 한다는 인구론을 주장하게 되는데 그의 인구통계학 이론은 경제학, 사회학, 환경학을 포함한 광범위한 학문 분야에 중요한 영향을 끼쳤다. 사회적 배경으로 당시 영국은 인구 증가와 식량 부족 문제를 겪고 있었다. 인구는 증가했으나 농업 생산의 한계와 농지의 한정성, 식량 공급의 어려움 등으로 인해 식량 부족의 우려가 커지고 있었다. 이런 배경에서 맬서스는 인구 증가와 식량 생산의 관계를 분석하고, 식량 부족으

로 인한 인구 조절의 필요성을 주장하며 시대적 변화를 반영한 중요한 사회경제적 문제
에 관한 논의를 이끌었다.

현재에 적용하기

이 책에서 적용되는 인구론의 주장이 현재 우리 사회의 인구 감소에 따른 사회 현상을
어떻게 설명할 수 있는지 고민해 보고, 현대 사회의 인구 정책에 어떤 도움을 줄 수 있
을지 구체적인 방안이나 유사 실천 사례를 작성해 보자.

생기부 진로 활동 및 과세특 활용하기

▶ 책의 내용을 진로 활동과 연관 지은 경우 (희망 진로: 경제학자)

경제에 대한 호기심을 바탕으로 우리 삶과 연계된 경제 활동에 관심을 가지고 적극적으로 질문하는 습관이 형성된 학생으로 고전 읽기를 통해 경제학자라는 진로 분야의 꿈을 구체화함. 많은 경제 서적 중에서 '인구론(토머스 맬서스)'을 읽고 맬서스 트랩을 반영한 변화 그래프를 다양하게 완성하고 이를 토대로 시각 자료와 관련 영상을 제작하여 발표함. 인구론의 핵심 주제를 그 당시 시대적 상황과 함께 전달하며 인구론에 대한 경제학적 의미를 재해석하여 설명하는 부분이 돋보였음. 맬서스가 주장하는 인구 증가를 억제하는 대책들에 비판적 견해를 보이며 현재 인구 감소에 따른 정책과 대비되는 점을 비교 탐구하는 탐구 보고서를 작성함. 경제 에세이 쓰기 활동에 참여하여 사회 경제 분야에 인구 정책이 밀접한 관련이 있음을 강조함. 특히 인구와 관련된 경제 정책의 올바른 방향 설정이 중요하다는 점을 담아 경제 정책안을 직접 내는 등 창의적인 의견을 제시한 부분이 인상적이었음. 경제 에세이를 발표하는 과정에서 친구들의 이해를 돕기 위해 다양한 예시와 설명을 활용한 점이 동료 평가에서 우수한 피드백과 공감을 받음.

▸ 책의 내용을 사회 교과와 연관 지은 경우

평소 교과 연계 독서 활동에 관심이 많고, 특히 사회에서 일어나는 다양한 경제 현상의 의미를 고민하는 것을 즐겨하는 학생으로, 경제 고전을 통해 현재 사회 현상의 해결 방안의 지혜를 찾아 발표함. 그중 '인구론(토머스 맬서스)'을 읽고 인구 정책이 시대적 배경에 따라 달라지는 이유와 인구의 증감이 사회 및 경제 분야에 미치는 구체적인 영향력에 대해 생각을 개진함. 이를 토대로 '인구론의 고찰'이라는 탐구 보고서를 작성하여 비판적 읽기와 경제 분석적 탐구력을 함양하는 기회를 가짐. 특히 '인구론'을 통해 현대 우리 사회가 겪고 있는 인구 감소에 대비되는 점을 언급하며, 사회 구성원과 국가가 모두가 성장할 수 있는 해결 방안에 대해 고민해 봄. 저출산 및 고령화의 해결 방안을 위해 기존 경제 정책과 실효성을 생활에 적용해 보는 구체적인 사례를 제시하며 친구들 앞에서 조리 있게 자신의 의견을 발표하여 많은 호응을 받음. 경제 고전 읽기의 추후 활동으로 '인구론'에서 주장하는 자원 관리 측면을 세부 주제로 잡고 교과서에서 학습한 자원의 종류와 개념을 체계화한 후 자원 관리의 중요성을 주장하는 수업 시간 내 캠페인 활동과 연계하여 행동하는 사회학자로서의 역량을 발휘함.

후속 활동으로 나아가기

▶ '나도 경제 전문 기자' 활동을 통해 '인구론'에서 주장하는 내용과 그 내용을 반박하는 경제학자의 이론을 비교 분석하여 기사글로 작성해 보자.

▶ 맬서스의 '인구론'이 사회 경제적으로 끼친 영향을 다각도로 조사하여 현상 분석 보고서를 작성해 보자.

▶ '인구론'의 핵심 내용을 토대로 맬서스 트랩 과정을 분석한 결과를 그래프 변환 프로그램을 활용, 카드뉴스로 제작하여 경제 이론을 홍보하고, 이를 바탕으로 '경제 탐구 보고서'를 발표해 보자.

▶ 찰스 다윈은 맬서스의 '인구론'에서 영감을 받아 '종의 기원'을 저술했다고 한다. '종의 기원'을 읽고, 맬서스의 경제학의 개념과 비교하는 서평을 작성해 보자.

▶ 이 책의 핵심 부분인 인구 증가에 따른 여러 문제를 해결하는 방안에 대해 함께 고민해 보고, 현대 사회에서 인구 조절의 방향성과 더 행복한 사회로 도약하기 위한 구체적인 인구 조절 방안에 대해 토론해 보자.

함께 읽으면 좋은 책

찰스 로버트 다윈 《종의 기원》 사이언스북스, 2019.

조지 오웰 《1984》 민음사, 2003.

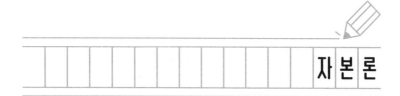

자 본 론

칼 마르크스 ▶ 비봉출판사

《자본론》은 자본주의 사회에서 일어나는 경제적, 정치적 특징과 문제를 광범위하게 다룬 이론서입니다. 마르크스는 이 책에서 자본주의의 구조와 모순을 세세히 탐구하여 비판하였으며, 이는 대안 경제 체제로서 사회주의 사상을 발전시키는 토대가 되었고 현대의 정치 경제 사회 등 여러 분야에도 많은 영향을 주었습니다.

칼 마르크스[Karl Marx, 1818~1883]는 철학자, 경제학자, 사회학자이자 저술가로 혁명적인 사상가이기도 합니다. 마르크스는 베를린 대학교에서 법학을 공부하기 시작했지만, 그의 관심은 철학과 역사로 기울었습니다. 그는 영국의 산업 혁명을 연구하고, 자본주의와 노동자 계급의 문제를 탐구하기 시작했습니다. 이후 그는 신학자 슈트라우스와 함께 헤겔의 철학을 연구하며 그 영향을 받기도 했습니다.

마르크스는 프로이센 정부의 탄압을 피해 파리로 이주하게 되었고, 거기서 사회주의자이자 평생의 친구인 프리드리히 엥겔스를 만납니다. 이들은 혁명과 노동자 해방을 위한 이론적 연구를 진행하며 협력하였고, 이후 함께 다양한 저서를 발표하였습니다. 마르크스는 그의 생애 동안 다양한 국가를 여행하며 혁명 운동과 사회주의 활동에 힘썼으며, 특히 독일과 프랑스, 영국 등에서 자신의 이론을 토대로 사회의 변혁과 노동자 계급의 해방을 목표로 활동했습니다.

마르크스의 《자본론》이 나오게 된 배경은 18세기 중반부터 19세기 산업 혁명이 일어난 시기입니다. 산업 혁명은 생산 수단의 기계화, 도시화, 대량 생산이라는 사회 경제적 변화를 가져왔고, 이러한 변화는 사회 구조와 경제 체제에 대한 새로운 이해와 분석의 필요성을 제기했습니다.

이뿐만 아닙니다. 산업 혁명은 노동 조건의 악화와 사회적 불평등을 초래했습니다. 19세기 영국의 자본주의 체제하에서 이윤의 극대화를 위해 성인 남성 노동자들이 하루 18시간이 넘게 일하고 여성과 청소년, 심지어 아동까지 저임금으로 노동 시장에서 착취당하는 일이 비일비재했습니다. 노동자들의 작업 환경이나 생활 환경 또한 건강을 위협할 정도로 열악했습니다. 이러한 상황은 마르크스가 사회적 불평등과 경제 체제의 기본 구조를 질문하고 탐구하는 계기가 되었습니다.

《자본론》은 총 세 권으로 이루어져 있습니다. 각각의 핵심 내용은 다음 표와 같습니다.

목차	키워드	내용
제1권	자본의 생산과 과정	노동 가치론, 상품 가치론, 자본의 논리, 사회적 생산과 부가가치
제2권	자본주의의 순환과 회전	경제의 순환과 회전에 주목하여 자본주의의 모순과 위기를 분석
제3권	자본주의의 전체 구조와 경제 법칙	자본주의 체제의 한계와 모순을 분석

마르크스의 《자본론》에서 가장 중요한 요소 중 하나는 상품과 노동, 생산 문제에 대한 고찰입니다. 마르크스가 정의하는 상품이란 인간의 욕구 충족에 도움되는 모든 것을 의미하는데 사용가치가 있어 시장에서 교환되는 재화를 일컫습니다. 그는 상품에 대해 유용성이 있어서 생산, 판매되며 상품 생산에 필요한 노동력에 따라 상품 가치가 결정된다고 말합니다. 자본주의 사회에서 노동자들은 자신의 노동력을 팔아서 생계를 유지하는데, 마르크스에 따르면 노동

자의 노동력 또한 유용성 있는 상품입니다.

상품에서 시작한 그의 논의는 이윤의 원천으로서의 노동력과 자본주의에서의 생산관계에 대한 비판으로 이어지고, 자본주의를 기반으로 한 경제 체제 운영 방식에 대한 분석으로 연결됩니다. 이러한 분석을 통해 마르크스는 자본주의가 그 자체에 모순을 지니고 있다고 강조합니다.

그는 자본주의 체제는 사유재산의 인정과 독점적 소유권을 행사하는 자본가들의 '착취'를 통해 이루어진다고 봅니다. 노동자들이 생산한 '잉여가치'에 대해 자본가가 임금 등 대가를 지불하지 않고 자기 몫으로 만드는 것이 바로 착취라는 겁니다. 이렇게 자본가들의 독점적인 운용과 잉여가치의 한없는 추구는 끊임없는 노동 착취와 기술 개발을 통한 이윤의 확대, 식민지 침탈 등으로 이어지고, 결국 자본가와 노동자 사이의 계급 갈등이 심화되어 계급 투쟁이 발생할 수밖에 없다는 것이 마르크스의 주장입니다.

마르크스의 이론은 공산권에서는 국가와 혁명의 토대를 이룩한 성인으로 추앙받고, 자본주의 쪽에서는 폭력을 통한 사회 질서의 붕괴를 설파한다며 비판받기도 했습니다. 하지만 많은 이들이 이 책을 읽는 이유는 자본주의 경제 체제의 기본 원리와 구조에 대한 체계적인 분석을 통해 자본주의의 발전이 필연적으로 불균형하고 지속적인 갈등과 충돌을 초래한다는 핵심 주장을 바탕으로 현대 사회의 다양한 문제들을 이해하는 데 도움을 주기 때문일 것입니다.

　마르크스는 혁명적인 이론가로서, 자본주의 자체에 대한 비판적 분석을 통해 노동자 계급의 해방을 위한 사상을 발전시킨 인물로 평가받고 있습니다. 그의 이론은 현대 사회과학의 핵심 개념 중 하나로 여겨지며, 그의 작품과 생각은 현대의 정치, 경제, 사회에 큰 영향을 미치고 있습니다.

　마르크스의《자본론》은 경제학에 관한 책이자 역사 · 철학 책이기도 합니다. 이 책을 통해 노동자의 권리와 자유, 공정성과 평등성을 동반한 미래 경제 시스템의 발전 방향을 고민해 보면 좋겠습니다. 경제 구조와 변화에 대한 깊은 통찰력을 함양할 수 있기를 기대합니다.

도서 분야	경제	관련 과목	통합사회, 경제, 정치, 세계사, 윤리와 사상	관련 학과	철학과, 사회학과, 역사학과, 경제학과, 정치외교학과

고전 필독서 심화 탐구하기

▶ **기본 개념 및 용어 살펴보기**

경제학의 기본 개념 및 용어	
개념 및 용어	**의미**
자본주의 capitalism	경제 체제의 한 형태로, 주요 생산 수단이 사유자 또는 기업에 의해 소유되고 운영되며, 시장 경제 및 자유 경쟁을 중시하는 경제적 시스템
사회주의 socialism	생산 수단의 사회적 공유와 공동체를 바탕으로 한 사회적, 경제적 체계를 지향하는 이념 및 철학
잉여가치	자본가가 노동자에게 지불하는 임금을 초과하여 노동자가 생산한 가치. 기업 이윤, 이자, 지대 같은 소득의 원천이 됨.

▶ **시대적 배경 및 사회적 배경 살펴보기**

칼 마르크스가 살았던 19세기 유럽 사회는 엄청난 격동의 시기였다. 18세기에 일어난 프랑스대혁명의 열기가 정점에 달했고, 산업 혁명 이후 수공업에서 공장제 기계 공업으로의 전환이 빠르게 진행되었다. 17~18세기부터 시작된 변화의 물결은 19세기 들어 이처럼 급물살을 탔지만 '가진 자'와 '못 가진 자', '지배하는 자'와 '지배받는 자'의 계급은 여전히 존재했고, 계급 간 불평등과 차별, 억압 또한 사라지지 않았다. 봉건 사회의 토지 소유주들은 자본가(부르주아)로, 소작농들은 노동자(프롤레타리아)로 이름만 바뀌었을 뿐 달라진 것은 없었다. 그런 현실을 변혁하기 위해 공산주의 사상이 대두되

었다. 공산주의 사상가들은 계급 간 불평등과 차별이 자본주의의 사유 재산 제도 때문
이라고 보았다. 이러한 배경에서 '자본론'이 탄생했다.

현재에 적용하기

이 책에서 말하는 상품의 개념이 현재 경제 현상에는 어떻게 적용되어 설명될 수 있는
지 구체적인 현상이나 사례를 찾아보자.

생기부 진로 활동 및 과세특 활용하기

▶ **책의 내용을 진로 활동과 연관 지은 경우**(희망 진로: 경제 개념 분석가)

경제학의 역사적 흐름에 관심이 많은 학생으로, 고전 경제학이나 현대 주류 경제학의 관점과 다르게 접근하는 칼 마르크스의 이론을 시대적 배경을 바탕으로 꼼꼼히 자료조사 하여 핵심 사상을 경제학 노트에 가독성 있게 요약함. 이 과정에서 '자본론(칼 마르크스)'을 직접 읽고 책 속에 등장하는 다양한 경제 용어의 의미에 대해 자료 조사하고, 경제 개념 노트를 작성하여 발표하며 경제 개념 분석가라는 자신의 진로 방향성에 대한 의지를 확고히 함. 또한 자본주의라는 경제 용어의 의미를 책에서 찾고, 이와 관련하여 시대적 배경에 따른 경제 체제의 변화 과정을 비교 분석하는 보고서를 작성함. 사회 역사적으로 변형되며 존재해 온 사회주의 사상 체계를 나라별 카드뉴스로 제작하여 소개하며 동료 친구들의 호응을 받음. 특히 '자본론'에서 주장하는 내용과 그것의 영향을 받은 다양한 사회, 역사 분야에 대한 설명에 자신만의 경제학적 재해석을 부여한 부분이 돋보였음. 이와 함께 '한 학기 경제 고전 핵심 사상 낭독하기' 활동에 '자본론'의 핵심 내용을 친구들 앞에서 발표하며 성실하게 참여함. 경제 개념 원리를 확실하게 이해하고자 하는 열정과 의지를 효과적으로 드러냈으며 독창적인 경제 에세이를 완성하여 우수한 평가를 받음.

▸ 책의 내용을 사회 교과와 연관 지은 경우

평소 사회 현상과 그 기반의 역사적 배경에 관심이 많은 학생으로, 수업 시간에 사회주의 혁명의 도입 배경을 학습하고 독후 심화 활동으로 경제 고전 속에서 탐구 주제를 찾아 보고서를 작성하여 발표함. 그중 '자본론(칼 마르크스)'을 읽고 상품에 대한 고찰과 연결된 경제 체제 운영 방식에 대해 분석하였으며, 특히 '자본론'에 대한 자신의 경제적 해석을 발표하는 과정에서 '자본론'이 주장하는 바의 한계점을 시사하며 현재 사회에 적용할 수 있는 방법론적인 사회 문제 해결 방안에 대해 고민하는 모습을 보임. 또한 노동 인권 관련하여 현재 우리나라에서 노동자의 인권 보장을 위한 법률을 조사하고, 자본주의 사회에서 나타나는 노동 인권 침해 사례에 적용해 보는 심화 활동을 통해 연계 보고서를 작성하여 발표. 노동자의 권리와 자유, 경제적인 공정성과 평등성을 동반한 미래 지향적인 경제 시스템의 발전을 위해 사회 구성원 모두 자신의 권리를 지키기 위해 노력해야 함을 주장하는 경제와 사회 융합 보고서를 완성도 높게 작성하여 제출함. 실제 노동 현장의 시뮬레이션 모둠 활동을 통해 '자본론'의 이론을 실제 적용하는 사례와 그 효과를 다각도로 분석하여 우리 사회가 나아가야 할 방향성에 대해 간접적으로 체험해 보는 등 사회 실천적 역량을 함양함.

후속 활동으로 나아가기

▸ '자본론'을 읽고 자본주의 체제의 비판적 읽기로 접근하여 나만의 경제적 해석을 담아 경제 에세이를 작성해 보자.

▸ '자본론'의 탄생 배경을 자료 조사하고, 저자의 입장이 되어 '내가 마르크스라면'이라는 제목으로 '자본론'의 핵심 내용이 사회에 도입되는 과정을 상세히 작성해 보자.

▸ 사회적 갈등이 어떻게 경제 구조와 연계되어 있는지를 살펴보고, 사회학적 관점에서 사회적 계급 구조와 갈등의 본질을 토의해 보자.

▸ 우리 사회에서 노동의 역할과 그에 따른 사회적 문제에 대한 이해를 토대로 '내가 생각하는 노동이란?'이라는 질문에 답해 보고 노동자의 지위와 역할에 대해 탐구 보고서를 작성해 보자.

▸ 노동 인권 보장을 위한 법률을 수정한다면 어떻게 고안하고 싶은지 의견을 제안하는 법률 수정 보고서를 작성하여 발의해 보자.

▸ '자본론'의 핵심 내용과 연계하여 우리 사회에서 노동자의 권리와 자유, 경제적인 공정성과 평등성을 마련하기 위한 방안의 실효성을 구체적으로 고민하고 토론해 보자.

함께 읽으면 좋은 책

칼 마르크스 · 프리드리히 엥겔스 《공산당 선언》 책세상, 2018.

칼 마르크스 《철학의 빈곤》 동서문화사, 2008.

헨리 조지 《진보와 빈곤》 비봉출판사, 2016.

프리드리히 엥겔스 《가족, 사유재산, 국가의 기원》 두레, 2012.

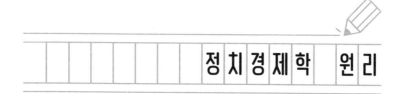

정치경제학 원리

존 스튜어트 밀 ▸ 나남

　존 스튜어트 밀이 쓴《정치경제학 원리》는 고전학파 경제학자들의 주장을 비판적으로 통합하고 자본주의를 점진적으로 수정해야 한다는 사회 개량주의적인 주장을 담은 책입니다.

　존 스튜어트 밀John Stuart Mill, 1806~1873은 19세기 영국의 철학자, 정치경제학자, 사상가로서, 자유주의에 관한 고전 명저인《자유론》의 저자이자 여성 참정권을 위한 활동으로도 유명한 인물입니다. 밀은 아버지인 철학자 제임스 밀로부터 사상적 영향을 받았으며, 자유주의와 공공복리를 중시하는 관점에서 정치경제학에 기여했습니다. 그의 대표작인《정치경제학 원리》는 경제학 이론과 사회 철학을 종합한 것으로, 이 책에서 그는 고전 경제학의 틀 안에서 다양한 경제 현상을 분석하는 한편, 사회 개혁에 대한 자신의 견해를 제시합니다.

밀이 《정치경제학 원리》를 쓴 시기는 19세기 중반으로 산업화가 급속히 진행되던 때였습니다. 이로 인해 경제적 구조 변화가 가속화되었고, 이에 대응하여 경제학의 개념과 이론에 대한 수요도 증가했습니다.

또한 이 시기에는 자유주의 경제 체제에 대한 관심이 높았습니다. 밀은 개인의 자유와 자유 시장 경제가 사회의 번영과 행복에 도움이 된다고 믿었습니다. 당시는 산업화와 함께 사회적인 변화도 많이 일어나던 시기였습니다. 변화에 대한 대응으로 경제학, 정치경제학, 윤리학 등 다양한 분야에서 새로운 이론과 아이디어가 제시되었으며, 이러한 배경 속에서 《정치경제학 원리》가 저술되었습니다.

《정치경제학 원리》는 생산, 분배, 교환, 경제 발전, 정부의 역할 등을 주제로 총 5권으로 구성되어 있습니다. 그 핵심 내용은 다음에 나오는 표와 같습니다.

밀은 고전파 경제학을 계승하여 자유주의적 시각을 견지하면서도 동시에 사회주의의 주장을 일부 받아들이고 사회의 점진적인 개혁을 이루어야 한다고 강조합니다. 그중 고전학파의 대표학자인 애덤 스미스의 주장을 통합하는데 여기서는 경제 성장을 설명하는 데

	키워드	내용
제1권	생산	생산행위자로서의 노동 및 자본의 분석, 인구 법칙 및 수확 체감의 법칙
제2권	분배	재산론, 공산주의, 사회주의의 의미, 임금론, 이윤론, 지대론
제3권	교환	가치의 정의, 수요공급론, 생산과잉론, 국제무역론, 이자율의 문제
제4권	경제 발전	사회의 진보가 생산과 분배에 미치는 영향
제5권	정부의 역할	조세 및 사회 정책, 산업 정책

핵심적인 역할을 하는 애덤 스미스의 노동 분업 이론을 소개합니다. 이 이론은 여러 사람이 각기 다른 작업을 전문적으로 수행하는 것이 어떻게 생산성을 극대화하는지를 보여줍니다. 노동 분업은 특정 작업이나 과정을 여러 단계로 나누고, 각 단계를 다른 사람들이 전문적으로 담당하는 것을 의미하는데, 각 작업자가 하나의 작업에만 집중하면 그 작업에 능숙해지고 숙련도가 높아져서 더 빠르고 효율적으로 작업을 수행할 수 있게 됨에 따라 생산성이 증대된다는 이론입니다.

이어서 밀은 부의 분배는 자연법칙에 의해 고정된 것이 아니라, 사회가 어떤 법과 제도를 채택하느냐에 따라 달라질 수 있다고 설명합니다. 이는 부의 분배가 사회적 선택의 결과임을 강조하며, 사회적 정의와 공평성을 고려한 제도적 설계가 중요하다는 점을 시사하는 것입니다.

그리고 마지막으로 밀은 경제 성장 또는 문명화는 기술 혁신, 개인 자산권의 지속적인 확대 및 노동자와 기업 간 협력의 지속적 증진 등으로 가능해지며, 이를 통해 인류 미래는 행복하고 안정적인 유토피아Utopia 상태에 이를 수 있다고 예견합니다. 이어서 조세 및 사회 정책, 산업 정책에 대한 정부의 영향에 관해서도 서술합니다.

《정치경제학 원리》는 고전 경제학의 오류까지 포함하고 있는 점, 책 자체에 모순과 논리적 결함이 있는 점 등이 시대적 상황에 따른 한계로 지적되기도 했으나 19세기 중반에 방대한 내용의 논의를 집대성하여 최초의 경제학 교과서로 불릴만한 화두를 제시했다는 점에서 경제 고전으로서 의의가 큽니다.

이뿐만 아니라 공리주의자인 밀의 이론은 개인과 사회의 행복을 중시하며 이를 통해 사회적 공정성을 추구하는 방법을 탐구합니다. 이러한 그의 이론은 자유, 공공복리, 차별 반대에 관한 개념으로서 현대 사회에도 여전히 영향을 미치고 있습니다. 공정하고 지속 가능한 경제와 정치 제도를 고민하는 지금의 우리 사회와도 직접 연결되는 문제로, 그런 이유에서도 존 스튜어트 밀의 《정치경제학 원리》는 반드시 읽어야 하는 경제 고전 필독서라 할 수 있습니다.

이 책을 읽고 밀의 이론을 현대 정치경제학, 사회이론, 윤리학 등 다양한 분야의 주요 주제로 확장하여 깊이 생각해 볼 수 있습니다. 밀의 이론이 그 당시 사회에 미친 영향에 대해 분석해 보고, 이를 토대로 현재 사회의 발전에 기여할 수 있는 점을 연결하여 고민해 보아도 좋겠습니다. 결론적으로 고전의 힘으로 시대를 초월하여 현대 사회의 지속 가능한 발전을 위한 경제 정책의 방향과 대안을 제시해 볼 수 있길 기대합니다.

도서 분야	경제	관련 과목	통합사회, 경제, 정치, 윤리와 사상, 사회문제 탐구, 윤리문제 탐구	관련 학과	사회학과, 경제학과, 정치외교학과, 철학과

▸ 기본 개념 및 용어 살펴보기

경제학의 기본 개념 및 용어

개념 및 용어	의미
공리주의	최대 다수의 최대 행복을 추구함으로써 이기적 쾌락과 사회 전체의 행복을 조화시키려는 사상
사회 개량주의	사회주의를 기반으로 하되 현존하는 경제 시스템을 개선하고 조정하려는 이념이나 접근 방식
자유방임	정부나 국가가 경제 활동이나 시장에서 개입하지 않고, 자유시장이 경제를 조절하고 자율적으로 기능하도록 하는 경제 체제

▸ 밀의 공리주의 특징

존 스튜어트 밀은 자유주의와 공리주의를 대표하는 인물이다. 인간의 자유와 평등을 강조하며 개인의 자유와 권리를 보호하고 이를 보장하기 위해 국가의 역할을 중요하게 여겼다. 이러한 바탕에서 공리주의를 토대로 최대 다수의 최대 행복 추구를 목표로 하는 윤리적 이론을 주장했다. 밀은 스승인 벤담의 양적 공리주의를 비판적으로 계승하여 질적 공리주의를 주장했다. 그는 또한 여성의 권리와 노동자의 권리를 옹호했다. 다음은 벤담의 양적 공리주의와 밀의 질적 공리주의의 차이점을 표로 정리한 것이다.

	밀의 공리주의	벤담의 공리주의
핵심 주장	행동의 결과에 따라 유용성을 평가하여 최대 행복을 추구해야 함	행동의 결과에 따라 즐거움과 고통의 양을 계산하여 최대 즐거움을 추구해야 함
도덕적 원칙	행복과 유익의 최대화	즐거움의 최대화
개인의 이익	개인의 행복과 복지를 중시	개인의 즐거움과 행복을 중시
공리주의의 목적	행복과 쾌락을 극대화하여 최대 다수에게 이익	쾌락의 증진을 통한 최대 다수에게 이익
권리와 자유의 개념	자유는 개인의 생각과 행동의 자유로 이해	개인의 행복을 극대화하는 범용적인 자유 강조
행복의 척도	질적 평가와 개인의 내재적 판단 중시	쾌락의 양을 계산하고 비교하는 효용주의적 측면
윤리적 판단	벤담에 비해 도덕적 의무 강조	행복과 쾌락 증진을 통한 도덕적 의무 강조

▶ 시대적 배경 및 사회적 배경 살펴보기

저자 존 스튜어트 밀은 영국의 철학자이자 정치경제학자로서 논리학, 윤리학, 정치학, 사회평론 등에 걸쳐서 방대한 저술을 남겼다. 철학적 발본파philosophical radicals를 주도한 제임스 밀James Mill의 아들로 태어나 계몽적 주지주의 교육의 표본으로 양육되었다. 경험주의 인식론과 공리주의 윤리학, 그리고 자유주의적 정치 경제사상을 바탕으로 현실정치에도 적극적으로 참여하여 하원의원을 지내기도 했다. 그의 공리주의는 대부이자 스승이었던 벤담Jeremy Bentham으로부터 물려받은 것이지만, 여기에 생시몽주의와 낭만주의를 가미해서 나름의 체계로 발전시켰다. 이 과정에서 해리어트 테일러Harriet Taylor의 영향을 많이 받았는데, 특히 여성이나 노동계급과 같은 사회적 약자의 처지에 대한 관심으로 연결되었다. 《논리학 체계》, 《정치경제학 원리》, 《자유론》, 《여성의 예속》, 《공리주의》 등의 저서와 논문들은 토론토 대학에서 간행한 전집 33권Collected Works of John Stuart Mill, 33Vols, University of Toronto Press으로 집성되었고, 그 밖에 동인도회사에서 일하면서 집필한 1,700여 편의 보고서를 남겼다.

현재에 적용하기

이 책에서 이야기하는 정치경제학의 원리 중 최대 다수의 최대 행복을 추구하는 방향성이 적용되는 상황을 구체적으로 찾아보고, 그 실효성을 판단해 보자.

생기부 진로 활동 및 과세특 활용하기

▶ **책의 내용을 진로 활동과 연관 지은 경우** (희망 진로:사회 공공복리 경제 전문가)

평소 경제 현상에 대한 이해도가 높은 학생으로 자신의 진로 분야인 사회 공공복리 경제 전문가로서의 가치관과 방향성에 대해 끊임없이 고민하는 학생임. 자유주의와 공공복리의 관계에 대해 관심이 많아 여러 서적과 참고 자료를 찾아보고 더 심화된 탐구의 필요성을 느껴 경제 고전에서 지혜를 찾고자 노력함. 그중 '정치경제학 원리(존 스튜어트 밀)'를 읽고 자본주의와 공리주의의 개념에 대해 자료 조사하고, 개념 보고서를 작성하여 발표함. 존 스튜어트 밀의 사상이 벤담의 공리주의 영향을 많이 받은 점을 토대로 양적 공리주의를 개선한 질적 공리주의에 대해 그 구체적인 사례를 조사하고 분석 보고서를 작성함. 특히 최대 다수의 최대 행복 추구를 목표로 하는 윤리적 이론에 자신의 경제적인 의미를 재해석한 부분이 돋보였음. 결국 현재 사회에 밀의 사회 개량주의를 적용할 수 있는지를 고민하고, 더 나은 경제 및 사회 발전에 기여할 방법을 모색하는 내용을 인포그래픽으로 만들어 발표한 후 교내 캠페인을 진행하는 등 행동하는 경제 전문가로서의 역량을 함양함.

▶ 책의 내용을 사회 교과와 연관 지은 경우

경제에 대한 흥미와 관심을 바탕으로 수업 시간에 높은 집중력을 보이며, 수업 내용에서 궁금증이 생긴 부분을 적극적으로 질문하고, 관련 책에서 답을 찾고자 노력하는 능동적인 학습자임. 더불어 학습 연계 독서 활동에 열정이 높은 학생으로, 경제 고전을 통해 현재 정치 경제 현상의 실마리를 찾아 발표함. 그중 '정치경제학 원리(존 스튜어트 밀)'를 읽고 자본주의의 문제점과 모순에 대해 분석하고, 자신만의 경제학적 재해석을 통해 이론을 재정립한 사회 현상 보고서를 작성함. 특히 책의 내용 중 제4권의 생산과 분배에 미치는 영향력을 관심 있게 보고, 경제학 교과서를 재구성하여 수업을 직접 디자인해 보는 '1일 경제 교사' 활동에 적극 참여함. '정치경제학 원리'를 이해하기 쉽게 시각화 자료를 만들어 영상을 제작하였고 이를 토대로 발표하며 친구들의 호응을 많이 받음. 경제학자 밀의 대표 핵심 주장인 '최대 다수의 최대 행복'의 사례를 조사하고, 벤담의 공리주의와 비교하는 인포그래픽을 창의적으로 연출하여 공유하며 우수한 결과물을 제출함.

▸ '정치경제학 원리'에서 주장하는 내용의 도입 배경 부분과 산업 혁명 이후 문제점이 발생한 부분을 자료 조사하여 탐구 보고서로 작성해 보자.

▸ 존 스튜어트 밀이 주장하는 사회 개혁 이론의 바탕이 되는 자유주의, 공리주의에 대해 비교 분석하는 소논문을 작성해 보자.

▸ 벤담의 양적 공리주의와 밀의 질적 공리주의를 비교하며 상황에 따라 다르게 적용되는 부분을 상황극으로 연출하여 역할극으로 소개해 보자.

▸ 밀이 질적 공리주의를 주장하고 여성과 노동자 권리를 옹호한 시대적 배경과 현대 사회의 상황을 비교한 카드뉴스를 제작하여 SNS 캠페인 활동에 참여해 보자.

▸ 이 책에 등장하는 사회적 개량주의의 핵심 부분인 자본주의가 가진 문제점을 해결하는 방안에 대해 함께 고민해 보고, 인간의 노력으로 어떤 부분이 개선될 수 있는지 구체적인 방안에 대해 모둠별로 토론해 보자.

함께 읽으면 좋은 책

존 스튜어트 밀 《자유론》 책세상, 2018.

존 스튜어트 밀 《공리주의》 현대지성, 2020.

데이비드 리카도 《정치경제학과 과세의 원리에 대하여》 책세상, 2019.

제러미 벤담 《파놉티콘》 책세상, 2019.

다섯 번째 책

괴짜 경제학

스티븐 레빗, 스티븐 더브너 ▶ 웅진지식하우스

《괴짜 경제학》은 현실 생활에서 당연시해 온 사회 통념을 꺼내어 그것이 당연하지 않음을, 그렇게 된 원인과 이유를 분석하여 경제학적 관점에서 풀어주는 책입니다. 현실과 동떨어져 개념으로만 갇혀 있던 경제 이론을 현실에 적용하여 알기 쉽게 해설해 줍니다.

저자 스티븐 레빗Steven D. Levitt, 1967~ 은 경제학자로서 주로 현실적이고 대중적인 주제들에 경제학적 원리를 적용한 연구로 유명합니다. 특히 그의 독특한 연구 방식과 주제 선택으로 인해 '괴짜 경제학자'로 불립니다. 그의 주요 업적 중 하나는 경제학 이론을 현실적이고 흥미로운 상황에 적용하여 독자들의 선입견을 무너뜨리고 경제학의 또 다른 가능성을 경험하게 한 것입니다.

공저자인 스티븐 더브너$^{Stephen\ J.\ Dubner,\ 1963\sim}$는 언론인, 작가, 라디오 프로듀서로서 활동하며 다양한 주제에 관한 책과 기사를 저술한 작가이자 저널리스트입니다. 경제학에 대한 폭넓은 이해력과 사회 및 경제 주제에 대한 탁월한 분석 능력으로 스티븐 레빗과의 협업에서 특유의 유머와 통찰력을 제공하였습니다.

레빗과 더브너의 《괴짜 경제학》은 기존 경제학의 예측 모형 한계와 현실과의 불일치에 대한 비판적인 시각에서 탄생했습니다. 이러한 비판적인 관점에서 《괴짜 경제학》은 현실적이고 실용적인 관점으로 경제학을 새롭게 바라봅니다. 레빗과 더브너는 경제학뿐만 아니라 다른 학문 분야와의 융합도 촉진하는데, 경제학을 문학, 예술, 심리학 등과 결합하여 경제 현상을 보다 풍부하게 이해하고자 한 점도 눈에 띕니다.

무엇보다 레빗과 더브너는 경제학적인 주제를 일상의 흥미로운 사례와 이야기를 통해 접근하려고 노력합니다. 이를 통해 대중들도 쉽게 경제학의 개념을 이해하고 관련 지식을 활용할 수 있게 하겠다는 것입니다. 이는 《괴짜 경제학》이 기존의 틀을 벗어나 독자적인 위치를 찾아가는 데에도 영향을 미쳤습니다.

이 책은 대부분 경제적 동기의 기초인 인센티브를 바탕으로 다양한 경제 상황을 종합적으로 아우르고 사회 현상을 분석하는 실마리를 제공합니다. 총 6장의 챕터로 구성되어 있고, 장마다 질문 형태로 그 해답을 독자가 능동적으로 찾아가는 일련의 과정으로 전개됩니다.

▶ **각 장의 제목과 경제학 개념**

	각 장의 제목	핵심 경제학 개념
1장	교사와 스모 선수의 공통점은?	
2장	KKK와 부동산 중개업자는 어떤 부분이 닮았을까?	경제적 인센티브 정보의 비대칭성 행동 편향과 비합리적 의사 결정
3장	마약 판매상은 왜 어머니와 함께 사는 걸까?	
4장	그 많던 범죄자들은 다 어디로 갔을까?	
5장	완벽한 부모는 어떻게 만들어지는가?	
6장	부모는 아이에게 과연 영향을 미치는가?	

각 장의 주제에 대해 스티븐과 레빗은 다음과 같이 주장합니다. 1장에서는 인간의 부정 행위의 원인이 인센티브임을 드러내며, 경제적 동기의 근본인 인센티브의 개념 및 그 어두운 이면을 보여줍니다. 2장에서는 자본주의의 강력한 힘인 정보가 일상을 어떻게 움직이는지에 초점을 두고 정보의 비대칭성을 설명합니다. 3장은 마약을 통해 돈을 많이 벌 것 같은 마약 판매상들 대부분이 단지 피라미드 조직의 가장 아래에 존재하는 시급을 받고 있음을 밝혀내

며 행동 편향과 비합리적 의사결정을 설명하여 사회적 통념을 깨뜨립니다.

4장은 1990년대 미국의 범죄율 감소 원인이 일반적으로 생각하는 여러 다른 요인 때문이 아니라 1973년 시행된 낙태 합법화 때문이라고 주장합니다. 5장과 6장은 부모가 아이에게 미치는 영향 요인들을 분석하며 완벽한 부모가 되고자 하는 노력이나 양육에 대한 일반적인 믿음이 실제 증거로 뒷받침되지 않음을 보여줍니다.

이처럼 이 책은 일관된 중심 주제가 없습니다. 레빗과 더브너는 호기심에서 발견한 일련의 상황들을 사회과학적으로 분석합니다. 다양한 상황에서 특정 시그널을 발견하고 이를 정형화된 분석 과정으로 밝혀내는 글은 기존 경제학자들이 생각하는 객관적이고 논리적인 체계 기준에는 못 미치는 것이 사실입니다. 그러나 그동안의 경제 이론서에 등장하는 내용들이 어떻게 현실에 적용되는지 설명함으로써 이 책은 대중이 접근하기 쉽게 현실 세계에 대한 경제학적 이해를 돕습니다.

이뿐만 아니라 경제학적인 주제를 새롭게 바라보게 하며, 다양한 관점으로 사고를 촉진합니다. 경제학에 대한 새로운 통찰과 지식을 넓히고, 경제학에 대한 흥미를 높인다는 점에서 《괴짜 경제학》은 의미가 크다고 할 수 있습니다.

이 책을 읽으며 각 장 서두에 등장하는 질문에 대해 본인의 예상

답안을 작성해 보길 권합니다. 마지막에 진정한 원인을 찾아내는 과정에서 본인의 생각이 최적의 답이 아닐 수도 있음을 발견하며 스스로 고정 관념을 깰 수도 있을 것입니다. 사회 통념을 부정하고 근본적인 원인을 데이터로 증명하는 도전을, 이 책을 읽는 독자 여러분도 직접 시도해 보면 좋겠습니다.

도서분야	경제	관련과목	통합사회, 경제, 현대사회와 윤리, 사회문제 탐구, 윤리문제 탐구	관련학과	사회학과, 경제학과, 통계학과

고전 필독서 심화 탐구하기

▸ 기본 개념 및 용어 살펴보기

경제학의 기본 개념 및 용어

개념 및 용어	의미
경제적 인센티브	금전적 보상이나 비용을 통해 사람들의 행동을 유도하는 방법
사회적 인센티브	특정 계층의 소득과 부를 착취, 다른 계층의 배를 불리기 위한 제도
도덕적 인센티브	한 개인이나 특정 집단이 권력을 독점하지 않고, 광범위한 연합이나 복수의 집단이 정치 권력을 고루 나누어 갖는 형태

▸ 시대적 배경 및 사회적 배경 살펴보기

이 책은 천재 경제학자로 불리는 스티븐 레빗과 레빗의 절친한 친구이기도 한 기자 스티븐 더브너가 함께 쓴 책이다. 원제는 'Freakonomics'로 제목에서부터 독특함을 풍기며 기존에 있던 사회 통념을 뒤엎는 발상으로 기발한 질문들을 던지며 이야기를 시작한다. 하지만 여기서 오는 유쾌함은 단지 저자의 괴짜스러운 사고방식 때문만은 아니다. '돈의 흐름'이라는 사회 통념 뒤에 묻혀버린 경제학의 핵심을 제대로 이용했기 때문에 가능한 것이다. 때로는 돈에 관한 이익 관계로만 쉽게 정리되곤 하지만, 경제학은 분명 인과를 파헤치는 학문이다. '어떠한 일이 원인이 되어 사람들이 어떠한 행동을 한다.'라는 것을 분석하고 연구하는 것이 경제학이다. 저자는 천재적인 창의력과 직관

력으로 이러한 경제학의 원리를 사회 현상을 이해하는 데 사용한다. 그렇게 이 책은 탄생했다.

현재에 적용하기

이 책의 핵심 개념인 '경제적 인센티브' 개념으로 현재의 사회 경제 현상을 어떻게 설명할 수 있을지 구체적인 현상이나 사례를 찾아 적용해 보자.

생기부 진로 활동 및 과세특 활용하기

▶ **책의 내용을 진로 활동과 연관 지은 경우**(희망 진로: 경제 전문 기자)

경제 전문 기자라는 진로를 희망하는 학생으로 다양한 사회 및 경제 현상을 관찰하고 비판적 접근방식으로 기사를 읽고 직접 분석 보도자료를 작성하고 경제 일지를 제출함. 이뿐만 아니라 다양한 고전을 찾아 분석적 책 읽기를 즐겨하는 학생으로 특히 '괴짜 경제학(스티브 레빗, 스티브 더브너)'을 읽고 책의 제4장의 질문인 '그 많던 범죄자들은 다 어디로 갔을까?'에 대해 저자와 다른 견해를 제시하며 범죄자 감소 현상에 대한 분석 글을 경제 에세이 형태로 작성하여 발표함. 윤리학이 이상적인 세상을 제시하고, 경제학은 실제로 존재하는 현실 세상을 보여준다고 자신의 경제학적 해석에 의미를 부여하는 부분이 돋보였음. 현재 사회에서 통용되는 개념을 다른 시각으로 바라보고 질문을 던지는 '나도 괴짜 경제학자'라는 활동에서 기발한 질문을 던지고 해답을 찾아가며 능동적으로 참여하고 이 과정에서 사회 통찰력을 함양함. 윤리학적인 측면을 경제 과목과 융합하여 경제학 분야의 직업인로서 윤리학적 소양이 중요함을 역설하고, 챕터마다 중요 논점을 제기하면서 경제학자가 가져야 할 윤리적 역량에 대한 고민함.

▸ 책의 내용을 사회 교과와 연관 지은 경우

평소 경제와 통계 분야에 관심이 많은 학생으로, 다양한 사회 현상을 통계적으로 분석하여 접근한 경제 고전에서 사례를 찾아 발표함. 그중 '괴짜 경제학(스티븐 레빗, 스티븐 더브너)'을 읽고 특정 상황을 통계치로 분석하여 예측하며 답을 찾아가는 과정에서 경제학에서 사회를 측정하는 도구로 통계의 영역이 주요한 도구로 작용할 수 있음을 강조함. 특히 자료 분석 결과를 그래프로 변환하여 시각 자료를 통해 친구들에게 발표하는 모습이 인상적이었음. 자신의 경제적 해석을 발표하는 과정에서 '괴짜 경제학'에서 말하는 우리 삶에서 '모든 행동은 인센티브로부터 시작된다'라는 핵심 사상을 염두에 두고 경제 분야와는 관련 없어 보이는 사회 현상을 다른 시각에서 바라보는 확장된 관점을 강조함. 또한 다양한 예시를 들어 역할극을 연출하여 인센티브의 여러 적용 사례를 직접적으로 보여줌으로써 경제 개념에 대한 이해를 돕는 설명법이 인상적임. 이를 토대로 이어진 모둠별 프로젝트 활동에서 사회 문제 해결 방안에 대해 다양한 관점을 지닌 모둠원 간에 융합된 사고력을 이끌어 내고 분석 보고서를 작성하여 우수 모둠으로 선정되는 데 기여함.

후속 활동으로 나아가기

▸ '나도 경제학자' 활동을 통해 '괴짜 경제학'에서 주장하는 사회 통념의 원인을 비판적 읽기로 접근하고 나만의 경제적 해석을 넣어 비평해 보자.

▸ '괴짜 경제학'의 각 장에 나오는 질문에 대한 저자의 해설에 동의하는, 또는 반박하는 과정을 서술해 보고, 이를 토대로 사회 현상에 대한 자신의 관점을 다각도로 정리해 보자.

▸ '괴짜 경제학'의 내용 중 기존 경제학자들이 주장하는 패러다임과 다른 점을 찾아 비교 분석하는 보고서를 작성해 보자.

▸ 우리 삶에서 정보 비대칭성이 나타나는 사례를 찾아 조사해 보고 소비자로서 이를 보완하기 위해서 어떤 제도 도입이 필요한지 토의해 보자.

▸ 이 책에 등장하는 사회 통념에 대한 저자의 해석 중에 기존 경제학적 개념이나 이론과 일치하는 부분이 있는지 여부를 구체적으로 알아보고, 그렇지 않다면 그 이유에 대해 토론해 보자.

함께 읽으면 좋은 책

스티븐 레빗, 스티븐 더브너 《세상 물정의 경제학》 위즈덤하우스, 2015.
스티븐 레빗, 스티븐 더브너 《슈퍼 괴짜 경제학》 웅진지식하우스, 2009.
다니엘 카네먼 《생각에 관한 생각》 김영사, 2018.

국가는 왜 실패하는가

대런 애쓰모글루, 제임스 A.로빈슨 ▸ 시공사

《국가는 왜 실패하는가》는 국가 간 경제적 차이는 정치적 역사의 차이에서 기인한다는 애쓰모글루와 로빈슨의 주장을 담은 책입니다.

저자 대런 애쓰모글루Daron Acemoglu, 1967~는 발전 경제학과 정치경제학 분야의 연구로 광범위한 학문적 영향력을 얻었으며, 특히 국가의 정치 제도와 경제 성과 간의 상관관계에 관한 연구로 독창적이고 혁신적이라는 평가를 받은 학자입니다. 경제학 분야뿐만 아니라 국가 발전 및 사회 구조에 대한 정책 결정에도 큰 영향을 미치고 있습니다.

공동 저자 제임스 A. 로빈슨James A. Robinson, 1960~ 역시 권위주의와 발전, 국가의 제도와 경제적 성과 사이의 상호 작용에 관한 연구로 애쓰모글루와 함께 세계적인 학자로 인정받았습니다. 그의 연구는 제도의 힘과 권위주의의 문제, 민주주의와 시장 경제의 상호 작용에 대해 현대적 관점에서 이해하기 쉽게 접근하고 있으며, 이는 정책 입안자와 학계 양쪽에서 모두 중요하게 평가되고 있습니다.

애쓰모글루와 로빈슨의 책 《국가는 왜 실패하는가》는 기존의 발전 이론들이 국가의 특성과 역할을 충분히 고려하지 못하고 다양한 국가의 실패와 성공을 설명하는 데 한계가 있다고 판단하며 시작됩니다. 그들은 국가의 제도적 구조와 정책이 국가의 성공이나 실패에 어떤 영향을 미치는지에 대한 깊이 있고 설득력 있는 해석을 제시하며, 국가의 역할과 제도의 중요성을 강조합니다. 이와 함께 사람들이 어떤 행동을 하도록 부추기는 인센티브와 정치 경제학적인 측면에서 국가의 발전을 바라보는 새로운 시각 또한 제시합니다. 무엇보다 이 책에서 그들은 국가 내 권력과 자원 분배가 국가의 성공과 실패에 큰 영향을 미친다고 주장합니다.

《국가는 왜 실패하는가》에서 저자들은 국가의 지속적인 빈곤 원인을 많은 사례를 들어 '착취적 제도'와 '포용적 제도'라는 개념으로 설명하고 있습니다. 착취적 제도란 소수의 집단이 국가의 권력을 장악하고, 다수의 시민을 착취하여 이득을 챙기는 사회 구조입니다. 착취적 제도 속에서는 경제적 인센티브가 존재하지 않기 때문에 일반 시민은 열심히 일하고 기술을 개발하여 '창조적 파괴'를 이루려는 시도를 할 수 없습니다. 여기서 창조적 파괴란 새로운 기술, 비즈니스 모델, 시장 구조 등의 혁신을 통해 기존의 경제적 구조를 파괴하고 새로운 경제적 가치를 창출하는 과정을 말하는데, 권력을 독점하고 있는 엘리트층은 창조적 파괴를 용인하지 않으며 자신의 지위를 유지하기 위해 시민들이 부유층으로 올라올 기회를 차단합니다. 즉 기존에 형성된 권력의 카르텔을 유지하기 위해서 변화를 시도하지 않는 것입니다. 결국 착취적 제도하에서는 기술의 발전을 통해 부를 축적하는 타국과 경제적 격차가 벌어질 수밖에 없습니다.

이에 대비되는 개념인 포용적 제도는 다원적으로 구성된 사회 구조를 의미합니다. 포용적 제도하에서는 다원적인 개개인이 정치에 참여할 수 있어 권력의 독점은 존재하지 않으며, 개인의 사유재산권을 인정하고 자유로운 시장 질서를 존중합니다. 시민들은 일한 만큼 소득을 얻을 수 있기 때문에 창조적 파괴를 시도할 동기를 가지게 됩니다. 이때 창조적 파괴는 경제 성장의 기반이 되어 국가 경제의 효율성을 제고합니다. 이러한 과정들이 반복되어 국가의 지속적인 발전이 가능하게 됩니다. 결국 세계의 많은 빈곤국이 착취적 제도를 고수하였기 때문에 경제 성장에서 도태될 수밖에 없었다는 것이 저자들의 주장입니다.

그렇다면 왜 빈곤국들은 포용적 제도를 선택하지 않는 것일까

> ▶ **포용적 제도의 특징과 장점**

특징	장점
• 사유재산권의 보호 제도의 확립 • 공정한 경쟁의 보장 • 시장 접근의 보장 • 정치적 참여의 보장	• 경제 성장 촉진 • 빈곤 감소 • 사회 안정

요? 역사적으로 지속되어 온 착취적 제도를 바꾸는 것에는 많은 어려움이 있으며 권력을 장악하고 있는 엘리트층과 제도적으로 쌓여 온 폐단이 경제 성장의 걸림돌로 작용하기에 이루어지기가 쉽지 않습니다.

《국가는 왜 실패하는가》는 경제 발전에 대한 그간의 잘못된 이해를 개선하고 국가의 빈부 격차를 이해할 수 있다는 점에서 시사하는 바가 큽니다. 이 책은 국가의 성공과 실패를 제도, 정치, 경제 등의 다양한 측면에서 다루며 국가 발전에 대한 새로운 시각을 제시합니다. 이뿐만 아니라 국가의 제도와 그에 따른 변화가 국가의 성공과 실패에 어떻게 영향을 미치는지를 강조하며 정책 결정과 제도 설계에 대한 통찰력을 일깨워 줍니다. 구체적으로 인센티브와 정책의 상호 작용에 대한 논의를 통해 정책이 어떻게 인센티브를 형성하고 경제 및 사회적 결과에 어떤 영향을 미치는지를 알 수 있게 됩니다. 이 책을 아직도 많은 이들이 읽고 있는 이유일 것입니다.

이 책은 국가의 운명을 결정하는 것은 지리적 조건이나 문화적 특성 등과 같은 외부 요인이 아니라 정책 결정과 제도 설계와 같은 내부 요인이라고 말합니다. 이러한 핵심 주제를 바탕으로 사회 문제에 대한 인식을 증진시키고, 국가 발전을 위한 새로운 정책 아이디어를 생각해 보길 바랍니다. 이와 더불어 현재 국제 사회의 이해관계를 깊이 있게 분석하고 국가의 성장 원동력과 세계 경제 발전의 방향성에 대해 진지한 고민을 함께 나누면 좋겠습니다.

도서분야	경제	관련과목	통합사회, 경제, 정치, 법과 사회 , 국제 관계의 이해	관련학과	사회학과, 경제학과, 정치외교학과, 국제경영학과

고전 필독서 심화 탐구하기

▶ **기본 개념 및 용어 살펴보기**

경제학의 기본 개념 및 용어

개념 및 용어	의미
포용적 제도	사회의 다양한 구성원이 규칙, 제도, 법률에 포함되어 있고, 이들이 모든 개인에게 공평하게 적용되고 존중되는 사회 구조
착취적 제도	특정 계층의 소득과 부를 착취, 다른 계층의 배를 불리기 위한 제도
다원주의	한 개인이나 특정 집단이 권력을 독점하지 않고, 광범위한 연합이나 복수의 집단이 정치 권력을 고루 나누어 갖는 형태

▶ **시대적 배경 및 사회적 배경 살펴보기**

'국가는 왜 실패하는가'는 21세기 초반에 출간된 책으로 글로벌화와 기술 발전이 급속하게 진행되는 시대적 배경 속에서 국가의 역할과 기능에 대한 재고와 탐구를 제안하는 책이다. 이 시기에는 세계 각국에서 국가의 역할과 정부의 기능에 대한 논의가 활발하게 이루어지고 있었다. 이러한 변화가 국가의 성패에 미친 영향을 이 책은 잘 보여준다. 이뿐만 아니라 이 책은 국가 내의 불평등, 부패, 정치적 무력과 인권 침해 등의 문제를 다루며, 사회적인 문제가 국가의 안정과 발전에 어떻게 영향을 미치는지에 대해서도 탐구한다. 다양한 사회학적 이론과 사례를 바탕으로 국가의 성패에 대한 원인을 분석하는 것이다. 이러한 시대적 배경과 사회적 배경 속에서 이 책은 국가의 발전과 안정에 관한 핵심적인 문제에 깊이 있는 이해와 분석을 제시한다. 결론적으로 국가 실패의 복잡한 원인들을 다각도로 분석하고, 역사적, 정치적, 경제적, 사회적 요소들을 통해 이를 해석하는 데 크게 기여한다는 점에서 이 책은 중요한 경제 고전으로 꼽힐만 하다.

현재에 적용하기

이 책에서 이야기하는 국가의 발전과 번영의 논리를 현재 우리나라의 경제 상황에 적용하여 본다면 경제 발전에 어떤 도움이 될 수 있을지 구체적인 현상이나 사례를 찾아보자.

생기부 진로 활동 및 과세특 활용하기

▶ 책의 내용을 진로 활동과 연관 지은 경우 (희망 진로: 글로벌 경제 전문가)

글로벌 경제 전문가를 꿈꾸는 학생으로 세계 경제와 국제 사회의 변화 방향성에 관심이 많아 관련 자료를 찾고, 연계 독서를 통해 독후 심화활동을 진행함. 그중 '국가는 왜 실패하는가(애쓰모글루·로빈슨)'를 읽고 국가의 경제 발전에 영향을 미치는 요소들을 분석하고 정치제도와 경제 성과의 관계를 그래프로 나타내어 분석 보고서를 작성함. 이뿐만 아니라 책 속에 등장하는 경제 용어를 조사하여, 경제 개념 사전을 완성하여 발표함. 저자들이 주장하는 포용적 제도와 착취적 제도의 차이점을 비교 분석하고, 각 제도가 실제 적용되었던 역사적 사례를 반영하여 보고서를 작성함. 특히 18세기 영국의 산업혁명 시기는 사유재산권의 확립과 경쟁의 보장이라는 포용적인 제도의 발전에 힘입은 바가 크다면, 반면 19세기 러시아의 농노제 사회는 착취적인 제도로 인해 경제 발전과 빈곤 감소에 실패했다는 점을 자료 조사하여 발표하며 자신의 경제학적 재해석으로 의미를 부여한 부분이 돋보였음. 사회 경제 분야에 통용되는 기본적인 경제 용어 사전을 자신의 의견을 담은 확장 가능한 경제 에세이 형태로 완성하여 긍정적인 평가를 받음.

▶ 책의 내용을 사회 교과와 연관 지은 경우

경제 학습 도우미로 역할을 도맡아 항상 책임감 있는 태도로 성실하게 활동하며 매번 수업 시간에 배운 내용에 대해 신문이나 관련 자료를 찾아보고 적용된 구체적 사례나 읽어본 책과 연관 지어 통합적 사고를 해보는 등 학습 정리 마인드를 형성함. 또한 사회에서 일어나는 다양한 사회 현상의 의미와 그 이면에 관심이 많은 학생으로, 사회 경제학 분야의 기초 개념을 정립하기 위해 경제 고전을 읽고 해답을 찾아 발표함. 그중 '국가는 왜 실패하는가(애쓰모글루·로빈슨)'를 읽고 모든 사람의 권리와 기회 보장이 중요하다는 생각을 개진함. 특히 '국가의 성패를 가르는 것은 결국 제도이다'라는 책의 핵심 사상을 염두에 두고 현대 사회에서 개인이나 사회가 겪는 문제의 실마리를 찾아내 사회를 구성하는 모두가 상생하고 행복할 수 있는 제도적인 해결 방안에 대해 고민하고 이에 대한 법안 안건을 작성하여 제출함. 현재 우리 사회에 사회적 문제가 다양하게 존재하나 개개인이 능력을 발휘할 수 있고 사회 분위기가 혁신을 권한다는 측면에서 국가의 미래지향적 발전 가능성을 긍정적으로 판단하고, 더 나아가 자유로운 창조적 혁신 경제 체제를 만들기 위해 노력해야겠다는 자신만의 철학이 담긴 소논문을 작성하여 친구들 앞에서 발표를 성공적으로 마침.

후속 활동으로 나아가기

▸ 먼저 '국가는 왜 실패하는가'에서 설명하는 포용적 제도와 착취적 제도의 상황을 나라별, 시대별로 나누어 살펴보고, 심화 연계 활동으로 모둠별로 '국가 제도'를 직접 만들어 보며 국가 차원의 정치제도와 그 실효 가능성에 대해 알아보자.

▸ '국가는 왜 실패하는가'가 기존 경제학자들이 주장하는 국가 경제의 발전 이유를 담은 다른 경제학 고전들과 뚜렷하게 다른 점을 찾아 비교 분석하여 자신만의 논리적이고 명료한 비평 보고서를 작성해 보자.

▸ 애쓰모글루와 로빈슨이 말한 포용적 제도와 착취적 제도가 적용된 구체적인 역사적 사례를 찾아 현대 사회의 사례와 연결 지어 경제 개념 적용 보고서를 작성해 보자.

▸ 국가와 문명을 설명하는 데 있어 다른 관점을 가지고 있는 재레드 다이아몬드의 '총, 균, 쇠'를 읽고 저자의 경제학 원리와 다른 관점에서 내용을 살펴보며 두 고전에 대한 서평을 작성해 보자.

▸ 포용적 제도에 대한 저자의 주장에 대해 제도의 한계점이나 문제점을 탐구해 보자. 현재 경제 사회에 적용될 수 있을지 구체적으로 알아보고, 그렇지 않다면 그 이유에 대해 토론해 보자.

함께 읽으면 좋은 책

대런 애쓰모글루, 제임스 A.로빈슨 《좁은 회랑》 시공사, 2020.

재레드 다이아몬드 《총, 균, 쇠》 김영사, 2023.

프랜시스 후쿠야마 《역사의 종말》 한마음사, 1997.

일곱 번째 책

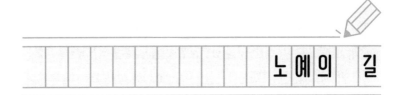

노예의 길

프리드리히 A.하이에크 ▸ 자유기업원

《노예의 길》은 중앙 집중적 계획 경제와 사회주의가 개인의 자유를 어떻게 제한하는지, 그러한 제한이 어떻게 독재로 이어질 수 있는지에 관한 프리드리히 하이에크의 주장을 담은 책입니다.

저자 프리드리히 하이에크Friedrich Hayek, 1899~1992는 20세기의 유명한 경제학자이자 사상가로 경제학과 정치 철학 분야에서의 주목할 만한 업적으로 알려져 있습니다. 그는 자유 시장 경제의 옹호자로 유명합니다. 그의 저서와 이론을 통해 개인의 자유와 자유 시장 경제의 중요성을 강조하였으며, 그의 사상은 현대 경제학과 정치 철학에 큰 영향을 미쳤습니다.

하이에크의《노예의 길》은 1944년에 발표된 책으로 급격한 정치와 경제의 변화, 그리고 이로 인한 사회적 동향에 대한 우려와 비판을 담고 있습니다. 당시 전쟁 이후, 다수의 국가에서 경제적 재건을 위한 노력이 진행되고 있었는데 이러한 재건 과정에서 정부의 개입이 증가하고, 사회주의적 경제 모델이 시도되었습니다. 특히 동유럽 국가에서는 소련의 영향을 받아 계획 경제가 강조되었는데, 하이에크는 이러한 시기에 경제적 자유와 자본주의가 위협받고 있다고 판단했습니다. 그는 계획 경제와 중앙 집중적 통제는 자유를 침해하며 개인의 창의성과 경제 효율성을 저해할 것이라 우려하며 《노예의 길》을 집필하게 됩니다.

하이에크는 경제적 자유가 정치적 자유와 밀접하게 연관되어 있으며 중앙 집중적 계획이나 개입이 증가하면 이로 인해 개인의 자유가 침해될 수 있다고 말합니다. 특히 사회주의의 중앙 집중적 계획 경제는 시장의 자유로운 작동을 방해하고, 결국에는 경제적 불평등을 증가시킨다고 주장합니다. 중앙 집중적 계획은 모든 개인의 다양한 선호를 반영할 수 없기에 사회가 불평등하고 불공정해질 수 있다는 것입니다.

또한 하이에크는 중앙 집중적 계획을 수행하는 정부 기관이 점점 더 많은 권력을 획득하게 되며 이것이 독재로 이어질 수 있음을 환기시킵니다. 특히 계획을 수립하고 실행하는 과정에서 발생하는 권력의 집중이 개인의 선택과 자유를 제한하게 된다고 강조합니다. 하이에크는 경제적 자유가 사회의 다양한 사람들에게 더 많은 기회를 제공하고 이를 통해 전반적인 복지가 향상될 수 있다고 주장하며 자유 시장 경제가 어떻게 개인의 자유를 보장하는지, 그리고 사회적 공정성을 높일 수 있는지에 대해 이 책에서 상세히 설명합니다.

▶하이에크가 본 자유 시장 경제와 중앙 집중적 계획 경제의 차이

	자유 시장 경제	중앙 집중적 계획 경제
경제 주체	개인 및 기업	중앙 정부 및 계획 기관
가격 메커니즘	시장에서의 공급과 수요에 따른 가격 형성	중앙 계획 기관에 의한 가격 조정
경제적 자유	개인의 선택에 따른 경제적 자유	중앙의 계획에 따라 개인의 선택이 제한됨
효율성	시장 경제의 자율 조절로 인한 효율적 자원 할당	중앙 계획으로 인한 자원 낭비와 비효율성
창의성과 혁신	개인 및 기업의 창의성과 경쟁으로 인한 혁신	중앙 집중적인 통제로 인한 창의성 억누름

하이에크는 자유주의와 민주주의가 상호 의존적인 관계에 있음을 강조하며 이 두 원칙이 분리되어 민주주의만 존재할 때 독재로 이어질 위험이 있다고 경고합니다. 그로 인해 자유가 상실되고, 강압적인 사회와 독재자의 출연으로 개인이 노예로 전락할 가능성이 커진다는 것입니다.

결론적으로 하이에크는 사회주의 계획 경제를 일컬어 '노예의 길'이라 했습니다. 물질적 욕구에 대한 좌절을 국가 권력을 통해 보상 받으려는 사람들의 기대 및 지나친 의존은 평등의 방향이 아닌 거꾸로 소수의 엘리트에게 권력이 집중되게 만든다는 것입니다. 즉 사회주의 계획 경제는 스스로 노예의 길로 들어서는 것이라고 그는 강하게 주장합니다.

다양한 경제적 변수와 사회적 요인을 고려하지 않고 단순화한 한계점이 있음에도 불구하고 프리드리히 하이에크의 《노예의 길》은 20세기 전반 여러 사회주의 국가에서 일어난 실패와 독재를 예로 들며 중앙 집중적인 계획 경제과 사회주의가 개인의 자유와 민주주의에 어떠한 위협을 가하고 있는지에 대한 통찰을 제공한다는 점에서 의미가 있습니다.

이 책을 통해 자유주의의 기원과 그 철학적 기초를 이해하고 현대적인 맥락에서 어떻게 적용할 수 있을지 살펴보길 바랍니다. 더 나아가 우리가 살아가는 세상을 바라보는 시각을 새롭게 넓히고 여러 나라의 다양한 정책 발달의 역사를 이해함으로써 자신만의 철학 이념을 세워 보아도 좋겠습니다.

도서 분야	경제	관련 과목	통합사회, 경제, 정치, 윤리와 사상	관련 학과	사회학과, 경제학과, 정치외교학과, 철학과

고전 필독서 심화 탐구하기

▶ **기본 개념 및 용어 살펴보기**

경제학의 기본 개념 및 용어

개념 및 용어	의미
자유 시장	정부 개입 없이 개인의 거래와 경쟁에 의해 자원이 배분되는 경제 체제
파시즘	극우 의사록, 권위주의, 국가주의 등을 중심으로 하는 정치적 이념 및 운동
계획 경제	일반적으로 국가가 중앙에서 경제 활동을 조절하고 계획하는 형태의 경제 시스템

▶ **시대적 배경 및 사회적 배경 살펴보기**

'노예의 길'의 시대적 배경인 1940년대는 제2차 세계 대전이 한창이던 시기였다. 당시 일부 나라에서는 독재 정치체제가 나타나고 국가의 간섭이 두드러졌다. 또한 사회주의와 계획 경제가 세계적으로 영향력을 키우기 시작한 때이기도 했다. 하이에크는 이에 반대하는 입장에서 개인의 자유와 경제적 자율성의 중요성을 강조하며 집단주의와 중앙 집권적인 경제 모델의 위험성을 경고하는 메시지를 전했다. '노예의 길'은 자유주의와 개인의 자유를 옹호하는 하이에크의 주장이 담긴 책이다. 그는 자유시장 경제를 통해 개인의 창조성과 경쟁을 촉진하며 사회적 번영을 이룰 수 있다고 주장했다. 이 책은 당시의 사회적 분위기와 경제적 상황을 반영하면서도 지금까지 영향력을 끼치고 있는 경제 고전 중 하나다.

현재에 적용하기

이 책에서 이야기하는 정부의 역할과 사회주의, 그리고 자유주의에 대한 하이에크의 주장이 현대 사회의 경제 정책에 어떤 도움을 줄 수 있는지 구체적인 현상이나 사례를 찾아본다.

생기부 진로 활동 및 과세특 활용하기

▶ 책의 내용을 진로 활동과 연관 지은 경우 (희망 진로: 경제학자)

자유주의 사상에 대한 깊이 있는 철학을 탐구하고자 다양한 서적을 탐색하고 경제 분야에서 직업인을 꿈꾸며 경제 고전을 탐독함. 그중 '노예의 길(프리드리히 하이에크)'을 읽고 사회주의와 파시즘의 개념에 대해 자료를 조사하고, 사회 개념 보고서를 작성하여 발표함. 하이에크가 주장하는 정부의 역할과 사회주의, 그리고 자유주의에 대한 복잡한 문제 상황에 대해 구체적인 사례를 조사하여 보고서를 작성함. 특히 경제적 자유와 정치적 자유가 얼마나 밀접하게 연관되어 있는지에 대해 고찰하고, 중앙 집중적 계획과 규제에 대해 더 신중하게 접근해야 한다고 주장하며 경제적인 의미를 재해석한 부분이 매우 돋보였음. 현대 사회에 하이에크의 사상이 적용될 수 있는지를 고민하고 새로운 시각을 제시하며 사회 철학 에세이를 완성하고 발표하여 친구들의 많은 호응을 받음. 북큐레이터 역할을 도맡아 책의 배경과 관련된 역사적 사건과 사회적 배경을 바탕으로 핵심 내용을 잘 정리하여 독후 소감문을 완성도 높게 제출함.

▶ 책의 내용을 사회 교과와 연관 지은 경우

평소 사회 현상 관련 토론 활동에 열정이 높은 학생으로, 경제 고전을 통해 현재 사회 정치 현상의 실마리를 찾아내어 발표함. 그중 '노예의 길(프리드리히 하이에크)'을 읽고 중앙 집중적 계획 경제에 대해 분석하고, 자신만의 경제학적 재해석을 통해 이론을 재정립한 보고서를 작성함. 특히 '경제 고전 읽기' 활동을 통해 정치와 경제에 대한 새로운 관점으로 사회 현상에 더 균형 잡힌 의견을 제시할 수 있게 되었고, 더 깊이 생각할 기회를 만들 수 있었다고 활동 소감문을 작성하여 발표함. 사회 문제를 해결할 때 공동체의 협력과 신뢰가 수반되어야 개인의 행복 너머 국가 경제 발전에도 긍정적인 영향을 미칠 수 있음을 주장하며 경제 고전 읽기 활동 연계 과제로 진행된 '사회 현상 토론하기' 활동에 참여함. 토론 활동을 통해 현대 사회의 문제 중 정년 보장과 청년 실업의 문제, 사회 복지제도와 혜택 조건 등의 토론 주제를 구체적으로 직접 만들어 보며 실전 사회토론 역량을 함양하는 기회를 가짐. 다양한 자료 조사를 바탕으로 계획 경제와 자유 시장 경제의 특징이라는 주제로 발표 영상을 제작하여 뛰어난 발표력을 선보이며 친구들로부터 우수한 평가를 받음.

후속 활동으로 나아가기

▸ '노예의 길'에서 저자가 주장하는 자유 시장 경제의 장단점을 자료 조사하여 정치와 경제에 대한 새로운 관점을 제시하며 자신만의 사회 철학 에세이를 작성해 보자.

▸ 경제학자 존 케인스의 이론과 프리드리히 하이에크 이론의 다른 점을 비교 분석하는 소논문을 작성해 본다.

▸ '노예의 길'이 나오게 된 시대적 배경인 제1차, 제2차 세계대전 이후의 역사적 상황을 조사하여 책의 배경 보고서를 작성해 보자.

▸ 자유 시장 경제가 개인의 창의성과 경제적 발전을 어떻게 촉진하는지에 대한 구체적인 사례를 조사해 보고, 개인의 창의성이 경제적 혁신과 어떻게 연결될 수 있는지 보고서를 작성해 보자.

▸ 이 책에서 말하는 중앙 집중적 계획 경제의 문제점을 해결하는 방안에 대해 고민해 보고, 현대 사회에서 이와 유사한 경제 문제와 연결하여 해결점을 찾을 수 있을지 구체적인 방안에 대해 토론해 보자.

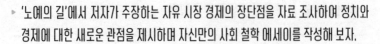

함께 읽으면 좋은 책

프리드리히 하이에크 《자유헌정론》 자유기업원, 2023.

프리드리히 하이에크 《법, 입법 그리고 자유》 자유기업원, 2018.

윌리엄 베버리지 《베버리지 보고서》 사회평론아카데미, 2022.

자본주의와 자유

밀턴 프리드먼 ▸ 청어람미디어

《자본주의와 자유》는 '정부의 강력한 시장 개입' 이론에 정면으로 반대하여 정부의 역할을 축소하는 대신 개인과 시장의 역할을 강조하며 자본주의와 자유에 관해 설득력 있는 이론을 제시하는 책입니다. 또한 자유주의적 관점에서 현대 자본주의 사회에서 정부의 역할 등 다양한 분야에 대한 의견을 확인할 수 있는 책입니다.

저자 밀턴 프리드먼Milton Friedman, 1912~2006은 미국의 경제학자로서 20세기 후반의 자유 시장 경제와 자유주의를 주장하는 핵심적인 인물입니다. 그는 자본주의와 통화 정책에 관한 연구로 널리 알려져 있고, 시카고 대학교에서 경제학 교수로 재직하며 자유 시장 경제의 원칙과 중요성을 강조했습니다. 그는 미국 경제학계에서 시장의 효율성과 정부 개입의 최소화를 주장하는 시카고 학파의 중심 인물이기도 합니다. 1976년에 노르웨이 은행 경제학상을 받으며 노벨 경제학상을 수상했습니다.

프리드먼의 《자본주의와 자유》가 나오게 된 배경은 다음과 같습니다. 20세기 중반 미국 경제 정책은 소비와 투자, 즉 유효수요를 확보하기 위해 정부와 보완책이 필요하다고 주장한 존 케인스의 경제 이론의 영향을 많이 받았습니다. 특히 대공황 이후의 경제 정책에 케인스의 이론이 도입되면서, 정부의 경제 개입이 더 많아졌습니다. 이에 대해 일각에서 우려와 비판이 제기되었는데, 프리드먼은 이러한 추세에 대해 탐색하고 발맞추어 《자본주의와 자유》를 출간하였습니다.

또한 출간 당시인 1970년대 초반에는 석유 파동과 같은 경제적 충격이 발생하면서 인플레이션이 급증했고, 이로 인해 경제 불안이 증폭 되었습니다. 인플레이션 급증과 경기 침체가 지속되던 당시에 정부 개입으로도 이러한 위기를 해결하기가 어려워지자 정부의 시장 개입에 대한 비효율성 논쟁이 발생되었습니다. 이러한 과정에서 경기 침체의 해결책으로 자유 시장 경제의 원리를 강조하는 이론이 주목받게 되었습니다.

《자본주의와 자유》는 개인의 자유와 번영을 촉진하는 수단으로 자본주의와 자유 시장을 지지하는 주장을 제시합니다. 이 책에서 프리드먼은 자유 시장 경제에서 정부의 역할을 최소화해야 한다고 주장합니다. 그는 정부의 주된 역할로 법과 질서의 유지, 공공재의 제공, 시장 실패의 교정을 제시하며, 경제적 자율성과 개인의 자유를 최대한 보장하는 것이 중요하다고 강조합니다.

국제 무역 문제에 대해서도 자유 무역이 전 세계의 경제 성장을 촉진하고 빈곤을 줄이는 데 필수적이라며 자유 무역을 옹호합니다. 이어서 통화 정책의 개념을 논의하며, 안정적이고 예측가능한 통화 정책이 경제 성장과 안정을 위해 필수적이라고 설명합니다. 단기적인 경제 목표를 달성하기 위해 정부가 나서 통화 공급을 조작하는 관행을 비판하면서 그것이 인플레이션과 경제 불안으로 이어진다고도 주장합니다.

그는 교육과 경제적 자유 사이의 관계도 주요하게 언급합니다. 그는 교육 시장의 경쟁을 통해 효율성을 높이고, 정부의 역할은 최소화할 것을 강조합니다. 즉 정부는 교육에 개입하되, 그 범위는 외부 효과와 사회적 약자 보호에 국한해야 한다는 것입니다.

자유주의 경제학자로서 그는 소득과 분배에 있어서도 철저한 능력주의를 주장합니다. 프리드먼은 소득은 개인의 경제적 업적에 대한 정당한 보상이라며, '소득과 분배'는 노력과 능력에 대한 보상의 원칙이 기준이 되어야 한다고 강조합니다.

또한 현대 사회에서 빈곤 문제 해결의 중요한 방법으로 제시되는 사회 복지 프로그램에 대해서도 다른 의견을 제시합니다. 그는 사회 복지 프로그램이 종종 그들이 도우려는 사람들에게 실제로 해를 끼치는 등 의도하지 않은 결과를 초래한다며 오히려 자유 시장 경제가 경제 성장을 촉진하는 것이 빈곤을 줄이는 가장 효과적인 방법이라고 주장합니다. 그는 경제 주체 간의 자유로운 거래와 경쟁이 효율적인 자원 배분을 이끌어 내며, 이로써 경제적 성장과 일자리 창출이 이루어질 것이라고 말합니다.

프리드먼은 '작은 정부'를 지향합니다. 이에 대해 그는 '작은 정부'가 '무정부주의'를 의미하는 것은 아니라고 강조합니다. 그는 정부의 역할은 필요하지만 정부는 자발적 교환이 이루어지도록 법과 질서를 유지하고 이를 해석하는 심판의 역할을 하거나, 독점 및 외부 효과가 있을 시 매우 제한적으로 관여하고, 무능력자 보호에 그쳐야 한다고 말합니다.

《자본주의와 자유》는 경제적 자율성과 개인의 선택이 어떻게 상호 작용하는지를 탐구하며, 오늘날에도 여전히 중요한 논의 주제로 남아 있기 때문에 경제 고전으로서 시사하는 바가 큽니다. 작은 정부를 지향한 그의 경제 철학이 현대 사회가 직면한 경제적, 사회적 문제에 대한 포괄적인 분석을 가능케 하고 다른 방향에서 좀 더 깊이 있게 고민해 볼 여지를 주기 때문일 것입니다.

이 책을 통해 현대 자본주의 사회가 어떤 방향으로 나아가야 할지 생각해 보고 이를 토대로 통화 정책, 국제 무역, 재정정책, 교육제도, 차별, 독점, 면허제도, 소득분배, 사회 복지, 빈곤의 완화 등 주요 사회적 쟁점들에 대해 현실적인 대안을 제시해 보면 좋겠습니다.

도서 분야	경제	관련 과목	통합사회, 경제, 정치, 법과 사회	관련 학과	사회학과, 경제학과, 정치외교학과

▸ **기본 개념 및 용어 살펴보기**

경제학의 기본 개념 및 용어	
개념 및 용어	**의미**
신자유주의	경제적인 자유와 시장 경제를 강조하는 이념이나 정책 방향
스태그플레이션	경기 침체Stagnation와 물가 상승Inflation이 동시에 발생하는 경제 상태
고정 환율제	특정 통화의 가치가 다른 통화에 대해 고정된 비율로 결정되고, 해당 비율이 계속 유지되도록 중앙은행이나 정부가 개입하는 환율 시스템

▸ **시대적 배경 및 사회적 배경 살펴보기**

밀턴 프리드먼Milton Friedman의 '자본주의와 자유'가 출간된 1962년은 미국의 경제 및 정치 환경이 크게 변하던 시기였다. 제2차 세계 대전 이후의 경제 성장과 함께 자본주의 경제 모델이 강세를 나타냈으며, 또한 냉전 시대에 진입하면서 미국 내 자유 시장 경제 모델과 공산주의 사이의 이념적 대립이 강화되고 있었다. 프리드먼은 개인의 경제적 자유와 정치적 자유가 서로 연결되어야 한다는 주장을 전개하고 있다. 그는 제도적 제약과 정부 개입이 최소화되면서 시장 경제가 개인의 창의력과 책임성을 부각시키며 사회적 변영을 이룰 수 있다고 주장한다. 1960년대는 이와 함께 전통적인 사회적 가치와 체제에 대한 도전과 변화가 일어나는 시기였다. 사회적인 불평등과 인종 갈등, 학생 운동과 여성해방운동 등 다양한 사회운동들이 활발하게 전개되었다. 이러한 배경에서 출간된 '자본주의와 자유'에는 자유 시장 경제가 사회적인 번영과 개인의 자유를 증진시킬 수 있다는 프리드먼의 주장이 담겨 있다.

현재에 적용하기

이 책에서 이야기하는 자본주의와 자유의 개념이 현재 경제 발전에 어떤 영향을 주었는지 구체적인 현상이나 사례를 찾아보자.

▸ 책의 내용을 진로 활동과 연관 지은 경우 (희망 진로: 경제 분야 전문가)

매 수업 시간에 자신의 진로를 탐색하고 다각도로 관련 역량을 키워나가는 학생으로, 경제 분야 전문가로서의 직업인을 꿈꾸며 구체적인 진로 로드맵을 작성하는 등 자기 관리 역량이 뛰어남. 수업 시간에 배운 경제 개념을 이용하여 사회 현상을 바라보는 비판적 해석 능력이 뛰어나며 독서에서 해답을 찾고자 노력하는 학생으로 '자본주의와 자유(밀턴 프리드먼)'를 읽고 전 세계의 통화 정책과 신자유주의 경제 정책이라는 주제로 탐구 보고서를 작성하여 발표. 특히 인플레이션에서 통화의 역할을 책에서 찾아보고, 이를 시대적 배경과 연관 지어 스태그플레이션이 발생한 배경을 설명하는 과정을 통해 교과 심화활동을 연계함. 자신의 진로 분야인 경제 분야 전문가로서 역량을 키우기 위한 탐색 과정을 발표 자료로 제작하여 친구들 앞에서 소개하며 자신만의 경제학적 재해석의 의미를 부여하는 부분이 돋보였음. 사회 경제 분야에서 경제 정책의 구체적인 방향성에 대해 탐구하고자 하는 열정과 의지를 효과적으로 드러냈으며 독창적인 경제 에세이의 완성도 높은 결과물로 좋은 평가를 받음.

▸ 책의 내용을 사회 교과와 연관 지은 경우

수업 시간마다 높은 집중력으로 성실하게 참여하며, 제시된 사회 문제를 이해하고 경제 개념을 적용하여 논리적으로 풀어내는 능력이 뛰어난 학생임. 더불어 사회에서 일어나는 다양한 경제 현상과 실효성 있는 정책의 실행에 관심이 많은 학생으로, 자유주의에 대한 고찰을 정립하기 위해 경제 고전 속에서 해답을 찾아 발표함. 그중 '자본주의와 자유(밀턴 프리드먼)'를 읽고 '자유'에 대한 정치적, 정책적 관점을 해석하여 경제 이론의 기초 개념을 정립하고 사회 이론 분석 역량을 함양함. 특히 프리드먼의 이론을 통해 현대 우리 사회가 겪고 있는 경제 정책 문제의 실마리를 찾아내 '정부 역할의 최소화'라는 핵심 사상을 염두에 두고 자유주의와 정부의 역할이 잘 조화를 이룰 수 있는 해결 방안에 대해 고민하고 이에 대한 보고서를 완성도 높은 결과물로 제출함. 이를 확장하여 '모둠별 토론 과제 탐구 활동' 중 경제 주체의 다양성에서 비롯된 서로 다른 역할과 정부의 방향성에 대해 논의하는 토론에서 리더 역할을 도맡아 토론 역량을 함양함.

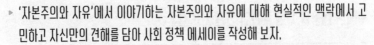

- ‘자본주의와 자유’에서 이야기하는 자본주의와 자유에 대해 현실적인 맥락에서 고민하고 자신만의 견해를 담아 사회 정책 에세이를 작성해 보자.
- 밀턴 프리드먼과 케인스학파의 이론을 비교 분석하는 비평 보고서를 정부의 시장개입 범위, 정도 등의 측면에서 작성해 보자.
- 밀턴 프리드먼의 또 다른 저서 ‘화폐 경제학’을 읽고, ‘자본주의와 자유’와 맥락이 같은 점과 다른 점을 찾아 비교하는 서평을 작성해 보자.
- 정부의 시장 개입 최소화로 ‘작은 정부’ 정책을 펼 경우 장점과 단점에 대해 경제 주체인 가계, 기업, 정부 차원에서 분석해 보자. 또한 국제 사회와의 무역 관점에서도 분석해 보자.
- 이 책에서 이야기하는 공평성과 효율성, 그리고 그에 따른 정부 역할의 방향성에 대해 함께 고민해 보고, 현대 사회가 직면한 경제 불안정으로 인한 실업률의 현실적인 문제를 해결할 수 있을지 구체적으로 알아보자. 해결할 수 없다면 그 이유에 대해 토론해 보자.

함께 읽으면 좋은 책

밀턴 프리드먼 《화폐경제학》 한국경제신문, 2009.
밀턴 프리드먼, 로즈 프리드먼 《선택할 자유》 자유기업원, 2022.
앨런 그린스펀, 에이드리언 울드리지 《미국 자본주의의 역사》 세종, 2020.

경제학 원리

앨프레드 마셜 ▸ 한길사

　영국의 경제학자 앨프레드 마셜이 쓴《경제학 원리》는 경제학적 사고의 변화를 반영하면서 자본주의와 시장 경제에 대한 이해를 체계화한 책입니다. 수요와 공급, 한계효용, 생산비용 이론 등 현재까지도 유효한 경제학 개념을 수식과 그래프를 통해 논리적으로 설명한 경제 고전입니다.

　저자 앨프레드 마셜Alfred Marshall, 1842~1924은 영국 런던에서 태어난 경제학자로, 경제학 분야에서 수요와 공급의 상호 작용에 대한 개념을 발전시키고, 이를 '수요와 공급 곡선'으로 표현한 것으로 유명합니다. 그는 경제학 이론을 수학적인 모델로 발전시키는 데 기여하였으며, 경제학의 수학적 접근법을 현대 경제학의 기반으로 다지는 데 일조했다고 평가받고 있습니다. 그는 경제학을 과학적인 학문으로 정립하는 데도 큰 역할을 했습니다. 이러한 접근법은 경제학을 합리적이고 이성적인 개인의 의사 결정 결과로 이해하려는 경제학의 전통을 확립하는 데 크게 기여했습니다.

앨프레드 마셜의 《경제학 원리》가 나오게 된 때는 19세기 말에서 20세기 초로, 산업화 이후 본격적으로 자본주의 경제 시스템이 형성되고, 경제학이 현대적인 모습으로 발전하던 시기였습니다. 이전에는 경제학이 철학과 윤리학, 정치경제학 등 다양한 분야에 속해 있었지만, 19세기 후반부터 경제학이 독립된 학문으로 발전하기 시작했습니다. 이와 함께 경제학에서 수학과 통계의 사용이 확대되었습니다. 이를 통해 경제학자들은 이전보다 정량적이고 과학적인 분석을 시도하며 경제 현상의 원인과 결과에 대한 이론을 논의하였고, 이 시점에 앨프리드 마셜의 《경제학 원리》가 출간되었습니다.

《경제학 원리》는 원론의 제Ⅰ~Ⅳ편까지는 1권으로, 제Ⅴ~Ⅵ편까지는 2권으로 나뉘어져 있습니다. 제1권에서 마셜은 경제학의 궁극적인 목적은 빈곤 문제를 해결하는 것임을 강조하며 경제학 용어를 사용할 때 일상생활의 용어와 차이가 발생한다는 점을 설명합니다. 또한 처음으로 경제학의 두 가지 중심 분석 도구, 즉 수요의 탄력성과 소비자 잉여를 도입합니다. 이와 함께 토지, 노동, 자본이라는 3대 생산 요소 개념을 설명합니다.

제2권에서는 수요와 공급 및 가치의 일반적 관계를 논합니다. 이는 경제학 원리의 가장 중요한 부분이자 현대 경제학에 가장 큰 영향을 준 부분으로, 여기서는 균형 가격의 결정과 생산비에 대한 분석을 집중적으로 다룹니다. 또한 국민 소득의 분배에서는 경제의 특정 부분의 작동을 연구하기 위해서는 경제 시스템을 단순화하는 분석 도구가 필요하다는 것을 전제로 설명합니다.

마셜은 경제학을 연구하는 데 있어서 효용이라는 개념을 대단히 중요하게 생각했습니다. 또한 그의 가장 큰 업적이라고 할 수 있는 것은 얼마나 다양한 요소들이 제품과 서비스의 가격과 수량을 변화시킬 수 있는가에 대한 관점을 새롭게 해석한 부분일 것입니다. 덧붙여 마셜은 수요 공급의 법칙 등 근대 경제학이 다루는 주요한 경제학적 개념의 원리를 설명하는 데 있어서 최초로 그래프를 사용한 개척자입니다.

캠브리지 학파의 선구자인 마셜은 생산 측면에서 생산 요소를 활용하여 추가되는 수익, 즉 한계 수익과 같은 지점에 도달하면 추가 혹은 한계 단위가 생산되는 지점에서 균형이 이루어진다는 사실을 증명했습니다. 소비 측면에서는 한계효용 분석을 진행했는데 이것은 경제적 유인에 대해 소비자가 어떻게 행동하는지를 논리적으로 설명한 것입니다. '비용은 임금으로 보상받는 노동 시간과 같다'라는 전제하에서 사람들은 자신의 시간을 노동으로 사용할지 여가로 사용할지 결정하게 됩니다. 여가에는 효용이 따르지만, 이는 결국 소득의 감소와 균형을 이루게 됩니다. 결론적으로 마셜은 모든 사람의 효용을 합하면 사회의 행복을 수치적으로도 평가할 수 있다고 생각했습니다. 이것이 바로 마셜이 당시 정치경제학으로 불리던 경제학을 '사회경제학'이라고 부른 이유일 것입니다.

마셜은 정부의 역할에 대해 재화와 서비스의 공급자가 아닌 공정한 경쟁을 보장하기 위한 관리자로서의 역할을 요구합니다. 마셜에 따르면 정부는 전기, 물, 가스 등 민간 기업에게 맡겼을 때 효율적인 생산과 제공이 어려운 비교적 규모가 큰 재화와 서비스만을 제공해야 합니다. 동시에 그는 분권화된 행정체계 및 관료 수의 제한을 추구했고, 과도한 경쟁을 방지하기 위해 이주의 통제를 주장하기도 했습니다. 그 외 불평등과 빈곤의 해소를 위한 정부의 정책적 개입에는 대부분 찬성하는 입장을 보였는데, 이는 곧 마셜 자신도 자본주의 체제하에서의 시장 실패 가능성을 인정한 것이라 볼 수 있습니다.

이상의 내용을 미루어 볼 때, 마셜은 철저한 시장 중심을 외쳤던 하이에크와는 다른 경제 사상을 가지고 있었음을 알 수 있습니다. 그는 사회주의와 같은 완전한 평등에도 반대했지만, 시장에게 완전히 맡기자는 자유방임주의 역시 답이 아니라고 생각했습니다.

결론적으로 마셜은 불평등을 어느 정도 수준에서 받아들일 수 있는가에 대한 결정은 궁극적으로는 각 나라의 정치권에 달려있으며, 경제학은 고려해야 할 비용과 편익을 결정하기 위한 분석 도구만을 제공할 뿐이라고 주장했습니다.

앨프레드 마셜의 '냉철한 이성과 뜨거운 가슴'이라는 명언은 경제학자가 가져야 할 두 가지 핵심 자질을 상징합니다. 냉철한 이성은 객관적이고 과학적인 접근을 통해 경제 현상을 분석하고 이해하는 능력을 의미하며, 뜨거운 가슴은 인간적 동정심과 사회적 책임을 가지고 경제 문제를 다루는 태도를 나타냅니다. 마셜은 경제학자가 이 두 가지 자질을 조화롭게 갖추어야 사회적 문제를 효과적으로 해결하고 인간의 복지 증진에도 기여할 수 있다고 주장합니다.

《경제학 원리》는 여전히 현대 사회에서 경제적 현상을 이해하고 정책을 결정하는 데에 영향을 미치고 있습니다. 그의 이론은 여전히 경제학 교육과 연구에서 기본 토대로 삼아지며, 그가 주장한 중요한 개념들은 현대 경제학의 다양한 측면을 설명하는 데에 활용되고 있습니다.

이 책을 통해 경제학의 기본 개념과 사회 경제 현상에 대해 깊이 있게 이해할 수 있다면 좋겠습니다. 또한 어떤 사회 현상에 대한 정책 결정과 경제적 상황에 대한 분석을 좀 더 효과적으로 할 수 있는 자신만의 방안을 고민하고 대안을 제시해 보아도 좋겠습니다. 고전

의 가치는 시대를 초월하여 지금 이 순간에도 현실에 탁월하게 적
용됨을 알게 될 때 빛을 발합니다. 마셜의 경제서를 읽으며 현재의
문제와 연계하여 해결을 모색하며 사고력을 키우는 기회가 되길 바
랍니다.

도서 분야	경제	관련 과목	통합사회, 경제, 정치, 통계학	관련 학과	사회학과, 경제학과, 정치외교학과, 통계학과

▶ **기본 개념 및 용어 살펴보기**

경제학의 기본 개념 및 용어

개념 및 용어	의미
수요	경제 주체가 재화나 용역을 사고자 하는 욕구(지불하고자 하는 가격, 지불할 능력이 포함된 구체적 의사)
한계효용	재화 소비량이 한 단위씩 증가할 때마다 늘어나는 효용
기회비용	여러 가지 선택 대안 중 하나를 선택했을 때 포기해야만 하는 비용

▶ **시대적 배경 및 사회적 배경 살펴보기**

앨프레드 마셜의 저서 '경제학 원리'가 출간된 19세기 말은 산업 혁명 이후 기계화와 산업 생산의 증가로 인해 경제와 사회 구조에 큰 변화가 있던 시기였다. 이로 인해 수요와 공급, 가격 형성 등의 경제적 요소들이 새로운 상황에 직면하게 되었다. 마셜은 이러한 변화에 적응하고 경제학을 현실에 적용하기 위해 '경제학 원리'를 저술하게 되었다. 또한 마셜이 활동한 시기에는 사회적 불평등과 사회 문제가 심각한 이슈였다. 산업화로 인해 부와 빈곤의 격차가 심화되고, 노동 조건과 사회적 안전망 문제가 제기되었다. 마셜은 이러한 문제들을 고려하며 경제학의 원리와 개념을 제시하고자 했다. 이 책은 그 당시의 경제적 변화와 사회적 문제들을 감안하여 경제학을 다루고 있으며,

현대 경제학의 발전에 큰 영향을 미친 중요한 경제 고전 중 하나이다.

현재에 적용하기

이 책에서 이야기하는 경제학 원리의 개념으로 현재 우리 사회의 경제 현상을 어떻게
설명할 수 있을지 구체적인 현상이나 사례를 찾아본다.

생기부 진로 활동 및 과세특 활용하기

▸ **책의 내용을 진로 활동과 연관 지은 경우** (희망 진로: 경제현상 분석가)

경제 현상에 대해 호기심이 많고 수업 시간에 배운 내용을 바탕으로 새로운 경제 개념을 이해하고 지식을 확장해 나가는 것을 즐기는 학생으로 '고전 깊이 읽기' 활동에 참여하여 '경제학 원리(앨프레드 마셜)'를 읽고 책 속에 등장하는 경제 용어의 의미에 대해 자료를 조사하고, 경제 개념 사전을 완성하여 발표함. 경제 기사 분석 활동에서 책에서 발견한 경제 용어를 최근 경제 기사 속에서 찾아 학습한 의미를 적용하고 해석하는 부분이 돋보였음. 수요와 공급의 법칙을 상황에 따라 그래프의 변화로 설명하는 경제 변화 그래프 분석 보고서를 작성하고 이를 영상자료로 시각화하여 발표하며 동료 평가에서 높은 호응을 받음. 특히 합리적인 선택을 위해 편익과 비용을 분석하여 기회비용을 고려한 선택을 해야함을 주장하며 자신의 삶과 연결 지어 발표하는 모습이 인상적임. 자신의 경제 철학을 담은 경제 에세이 작성하기 활동에서 일상생활 속 작은 습관이 모두 경제 활동으로 이어질 수 있음을 의견으로 제시하고 구체적인 사례를 조사하여 에세이를 완성하며 창의적 사고 역량을 발휘함.

▸ 책의 내용을 사회 교과와 연관 지은 경우

평소 경제 현상과 경제 원리에 대한 이해가 높고 경제학 관점에서 다양한 현상들을 파악하는데 흥미를 보이는 학생으로, 다양한 경제 현상을 깊이 있게 이해하고자 경제 고전 속에서 사례를 찾아 발표함. 그중 '경제학 원리(앨프레드 마셜)'를 읽고 경제학의 본질이 중요함을 의견 개진함. 특히 경제 정책 심화 탐구 보고서 작성 활동으로 연계하여 자신의 경제적 해석을 반영하여 마셜의 핵심 사상을 카드뉴스로 제작하여 설명함. 수요, 공급, 가격의 관계를 분석하여 국민 소득을 어떻게 분배해야 하는지에 대한 방안을 고민하고 이에 대한 경제 정책 보고서를 작성하여 사회 및 경제적 문제 해결 역량을 함양함. 희소성, 합리적 선택, 기회비용, 수요와 공급 등 경제의 기본적인 개념을 이해하고 주어진 문제에 적용하여 이를 해결해 보는 모둠활동을 진행함. 특히 합리적인 선택을 위해 기회비용은 반드시 고려하고 매몰 비용은 고려하면 안 된다는 것을 수업 시간에 학습한 후 실제 이를 적용하는 사례를 들어 논리적으로 잘 설명하여 급우들로부터 큰 호응을 받음.

후속 활동으로 나아가기

▸ '경제학 원리'의 이론을 현대 우리나라 경제와 역사에 접목시켜 대입하고 분석하여 새로운 경제 정책을 제시하는 에세이를 작성해 보자.

▸ '경제학 원리'를 통해 수요와 공급에 따른 한계효용의 법칙이 실제 적용되는 상황을 제시하고 그래프 곡선으로 변화 추이를 설명하는 발표 보고서를 작성해 보자.

▸ '차가운 머리, 뜨거운 가슴'이라는 앨프레드 마셜의 유명한 말에 대해 자신이 재해석한 의미를 작성하고, 다른 경제학자의 명언을 찾아 핵심 주장을 녹여낸 명언 탐구 목록집을 만들어 보자. 슬로건을 만들어 경제동아리 캠페인 활동에 참여해 보자.

▸ 모든 사람의 효용을 합하면 사회의 행복 수준을 수치화할 수 있다는 마셜의 의견에, 자신의 의견을 덧붙여 찬성 또는 반대 의견을 내는 경제 의견 보고서를 작성해 보자.

▸ 자신이 직접 사회의 행복 수준을 수치화할 수 있는 지표를 만든다면 어떤 항목이 포함되어야 하는지 구체적인 내용을 구상하고, 실제로 표를 만들어 대입해 보자. 그 내용을 '경제 행복 보고서'로 만들어 보자.

함께 읽으면 좋은 책

윌리엄 보몰, 앨런 블라인더 《경제학의 핵심》 Cengage Learning, 2008.
다니엘 카너먼 《생각에 관한 생각》 김영사, 2018.

화폐경제학

밀턴 프리드먼 ▸ 한국경제신문

《화폐경제학》은 화폐 이론으로 노벨 경제학상을 수상한 밀턴 프리드먼이 화폐의 의미와 역할에서부터 통화 시스템, 화폐의 올바른 사용까지 화폐와 관련된 모든 것을 정리한 경제 고전입니다. 다양한 역사적 사례를 통해 화폐가 경제에 미치는 영향, 인플레이션이 가져오는 경제 위기와 그 해결책에 대해서도 상세히 이야기하고 있습니다.

저자 밀턴 프리드먼Milton Friedman, 1912~2006은 20세기를 대표하는 미국의 경제학자로, 화폐량의 중요성을 강조하는 화폐 경제학의 대표적인 이론가로 알려져 있습니다. 1976년에는 노벨 경제학상을 수상하였으며, 전 생애 동안 경제학의 중요한 이론을 개발하고, 정부 개입을 최소화하며 시장의 역할을 강조하는 경제 정책에 대한 지지자로서 경제 분야에 큰 영향을 끼쳤습니다.

밀턴 프리드먼의《화폐경제학》이 나오게 된 시기는 1992년으로 전 세계적으로 경제 정책의 변화가 일어나던 시점이었습니다. 다양한 금융 사건 및 경제 현상들이 나타났고, 환율 등 금융 요소에 영향을 미치는 여러 요인으로 인해 글로벌 금융 시장에서의 변동성이 높았던 시기였습니다. 이러한 시대적 배경 속에서 밀턴 프리드먼은 화폐와 금융에 대한 새로운 관점을 제시합니다.

《화폐경제학》은 총 10개의 챕터로 구성되어 있습니다. 밀턴 프리드먼은《화폐경제학》에서 화폐 공급이 경제에 미치는 영향을 중시하며, 통화 정책의 예측 가능성과 안정성을 강조합니다. 그의 통화주의 이론은 인플레이션과 경제 성장 간의 관계를 설명하고, 중앙은행의 역할과 정부 개입의 한계를 논의하는 데 중요하게 기여했습니다.

이 책에는 특히 화폐 현상에서 돈의 겉모습이 얼마나 오류를 유발할 수 있는지에 대한 예시가 제시되어 있습니다. 돌을 화폐로 사용하는 얩섬과 금본위 제도를 사용하는 시대적 상황을 서로 비교하며 화폐 이론의 본질을 설명합니다. 화폐의 역사를 다룬 중간 챕터 부분은 단순한 역사의 흐름이 아니라 왜 화폐의 역사가 이렇게 흘러왔을 수밖에 없었는지, 그 당시의 선택이 어떤 파장을 일으켰으며 훗날 어떤 결과로 이어졌는지가 서술되어 있습니다.

역사적인 고찰에 이어 6장에서는 주요 논쟁거리인 금은 복본위제도에 대해 다룹니다. 금은 복본위제도는 통화의 가치를 금이나 은에 대한 고정된 양으로 결정하는 통화제도를 의미합니다. 7장에서는 1930년대 미국의 은 구매 사업의 영향을 다시 고찰합니다. 1933년 대침체로 인해 미국에서는 금융 불안과 디플레이션의 위험이 커졌습니다. 이에 미국 정부에서 은을 대량으로 매입하는 정책을 시행했습니다. 이렇게 중간 챕터 부분은 화폐의 역사 부분에 대한 설명이 이어집니다.

8장부터는 책의 클라이맥스라고 볼 수 있습니다. 여기서 프리드먼은 '인플레이션은 언제 어디서나 화폐적 현상이다.'라고 기술합니다. 다른 원인으로 인플레이션이 발생되는 것이 아니라 화폐의 증발로써 인플레이션이 발생한다는 것입니다. 그는 이 현상을 설명하기 위해 다양한 나라들의 최신 자료와 역사적 자료를 이용해 인플레이션의 원인과 대책을 고찰합니다.

그렇다면 정부는 왜 인플레이션을 발생시키려고 할까요? 프리드먼에 따르면 인플레이션은 통화량 증가로 화폐의 가치를 하락시켜 정부의 부채 탕감에 크게 일조하고 있는 것이 사실입니다. 화폐 가치를 하락시키면 자동으로 빚을 갚아주기 때문에 정부는 이런 유혹을 견디지 못하고 지속적으로 화폐를 발생시킵니다. 하지만 장기적으로 보면 엄청난 부작용이 있습니다. 실업률이 낮더라도 과도한 인플레이션이 발생하지 않도록 유의하는 것이 건전한 경제 체제를 구축할 수 있는 방법입니다.

정부의 역할에 대해 프리드먼은 정부가 시장의 자율적 기능을 최대한 존중해야 한다고 보았으며, 정부의 개입이 경제적 효율성을 저해할 수 있다고 경계했습니다. 그는 정부의 주요 역할로 법과 질서의 유지, 공공재의 제공, 그리고 시장 실패의 교정을 제시했습니다. 특히 통화 정책에 있어 정부는 통화 공급을 안정적으로 관리하여 인플레이션과 경기 변동을 줄이는 것이 중요하다고 강조했습니다. 그러나 그는 정부가 경제 전반에 과도하게 개입하는 것은 바람직하지 않다고 보았으며, 자율적인 시장 조정 과정이 더 효과적이라고 주장했습니다. 프리드먼은 통화량의 안정적 증가가 경제 성장에 기여한다고 믿었으며, 중앙은행의 역할이 이를 보장해야 한다고 설명했습니다. 이렇듯 프리드먼의 경제학에서는 정부의 개입을 최소화하고 시장의 자율성을 존중하는 방향이 중요하다고 강조합니다.

금은 복본위제도에 대한 논쟁, 통화정책의 한계 등 논란 지점이 있음에도 불구하고 많은 이들이 《화폐경제학》을 읽는 이유는 밀턴 프리드먼의 경제 이론과 금융에 대한 다양한 주제를 살펴볼 수 있으며, 금융 시스템 및 경제의 동향을 파악하는 데 도움이 되기 때문일 것입니다.

이 책을 통해 화폐의 역사와 통화의 본질, 그리고 화폐의 미래까지 이해할 수 있습니다. 이 점은 현대의 금융 시스템과 통화의 변화를 이해하는 데 도움이 됩니다. 통화 발행, 인플레이션, 디플레이션 등의 주제를 통해 경제 정책에 대한 통찰력 또한 얻을 수 있습니다. 이 책을 통해 통화 정책이 경제 안정성에 미치는 영향에 대해 고찰해 보면 좋겠습니다.

도서 분야	경제	관련 과목	통합사회, 경제, 정치, 금융과 생활	관련 학과	사회학과, 경제학과, 정치외교학과, 정책학과

▶ 기본 개념 및 용어 살펴보기

경제학의 기본 개념 및 용어

개념 및 용어	의미
통화 준칙주의	중앙은행이 통화 공급량을 일정한 비율로 증가시키는 등 미리 정한 규칙에 따라 통화 정책을 운영해야 한다는 개념
화폐 공급량	특정 시간 동안 경제 시스템 내에서 순환 중인 화폐의 총량을 의미하며 화폐 공급은 중앙은행과 상업 은행 등 금융 기관들이 발행한 돈의 양을 포함함.
경제 성장률	일정 기간 동안 한 국가의 실질 국내총생산Gross Domestic Product, GDP이 어느 정도의 비율로 증가했는지를 나타내는 지표

▶ 시대적 배경 및 사회적 배경 살펴보기

밀턴 프리드먼의 글을 더 잘 이해하기 위해 당시 시대적 배경 속에서 프리드먼이 속한 시카고 학파에 대해 알아볼 필요가 있다. 시카고 학파Chicago School는 미국 시카고 대학교에서 형성된 경제학의 학파로, 주로 자유 시장 경제와 개인의 자유를 강조하면서 통화 정책과 규제에 대한 비판적인 입장을 취하는 경제 이론 집단이다. 이 학파는 20세기 중반부터 현재까지 경제학의 여러 분야에서 큰 영향을 미치고 있으며, 경제의 규모와 범위를 가능한 한 자유 시장에 맡기는 쪽을 지지한다. 이들은 경제 주체들이 자유롭게 거래하고 경쟁하며, 시장이 자동으로 조절되도록 하는 것이 경제 효율성을 극대화하는 방법이라고 보며 주로 미시경제학^{Microeconomic}에 중점을 두고 있다. 시장의 구조, 기업의 경영, 소비자의 선택 등 미시적인 경제 현상을 연구하여 경제 주체 간의 상호 작용을 이해하려고 하는 학파이다. 주요 인물로는 프랭크 H. 나이트[1885~1972], 헨리 사이먼스 [1899~1946], 아론 디렉터[1901~2004], 유진 파마[1939~2021] 등이 있다.

현재에 적용하기

이 책에서 이야기하는 화폐의 가치가 현재 일반적으로 알려진 경제 현상을 어떻게 설명할 수 있는지 구체적인 현상이나 사례를 찾아 보자.

생기부 진로 활동 및 과세특 활용하기

▶ **책의 내용을 진로 활동과 연관 지은 경우** (희망 진로: 금융 전문가)

평소 경제 문제와 우리 삶의 다양한 경제 현상을 파악하려고 노력하는 학생으로 부와 관련한 흐름에 관심을 가지고 관련 경제 분야로의 진로를 희망함. 관련 독서를 통해 깊이 있는 배움을 실천하고자 하며 경제 고전으로 확장해 나감. 그중 '화폐 경제학(밀턴 프리드먼)'을 읽고 지금까지 변화해 온 화폐의 의미에 대해 나라별, 시대별로 자료를 조사하고, 화폐의 변천사 사전을 완성하여 친구들에게 소개함. '나도 경제 분석가' 활동에서 인플레이션 정책의 실효성에 대해 탐구하고, 특정 정책이나 요인이 경제에 미치는 영향과 그 결과를 분석하여 데이터 분석 프로젝트 활동 보고서를 제출함. 특히 인플레이션을 일으키는 원인 분석에서 경제학적 의미를 적용하고 해석하는 점이 매우 돋보였음. 경제 정책에 정부의 개입 정도가 사회 경제에 끼친 영향 및 구체적인 결과와의 상관관계를 주제로 카드뉴스를 제작하여 발표하며 노력하는 모습이 인상적임.

▸ 책의 내용을 사회 교과와 연관 지은 경우

평소 생활 속 경제 관련 사회 현상에 관심이 많으며 경제 정책 자료를 조사하고 분석하는 데 흥미를 보이는 학생으로, 다양한 경제 현상을 깊이 있게 이해하고자 경제 고전 속에서 사례를 찾아 발표함. 그중 '화폐경제학(밀턴 프리드먼)'을 읽고 화폐의 의미와 가치에 대해 의견을 개진함. 특히 현 시대적 상황을 반영한 통화 정책과 인플레이션에 대해 카드뉴스를 제작하고, 인플레이션의 원인과 인플레이션으로 인해 사회적 혼란이 일어난 과정을 논리적으로 제시하여 동료 평가에서 큰 호응을 받음. 화폐 공급의 증가가 과도하거나 관리되지 않으면 인플레이션과 같은 경제 문제가 발생할 수 있음을 강조함. 특히 현재 우리나라의 인플레이션 상황을 조사하고, 이를 해결하기 위해서 중앙은행의 통화 정책과 국가의 재정 정책에 대해 자신의 견해를 담아 가독성 있게 보고서를 작성함. 이와 더불어 경제 문제의 효과적인 해결을 위해서 경제 주체 간의 상호 작용이 원활히 이뤄질 수 있는 방안에 대해 고민하고 이와 관련한 '통화 정책 보고서'를 작성하여 창의적 사고 역량을 함양함.

후속 활동으로 나아가기

▸ '화폐경제학'에서 제시하는 다양한 나라의 화폐 정책과 화폐의 역사에 대해 정리하고 우리나라에서 통용되는 화폐의 의미를 재정립하여 이를 바탕으로 변화된 화폐 역사 통찰 보고서를 작성해 보자.

▸ 밀턴 프리드먼이 제시한 이론을 바탕으로 인플레이션의 원인과 영향, 통화 정책의 효과, 금융 시장의 동향 등에 대해 자신의 의견을 제시하며 경제학적 이론을 실제 상황에 적용하는 시뮬레이션 활동을 통해 경제 에세이를 작성해 보자.

▸ 프리드먼이 주장한 '통화량을 예측 가능한 방식으로 조절하기'에 대해 조사해 보고, 이러한 점이 과도한 인플레이션을 방지하는 데 어떤 효과가 있는지 탐구한 결과 보고서를 작성해 보자.

▸ 특정 정책이나 요인이 현재 경제에 미치는 영향을 살펴보고 결과를 분석하는 '나도 경제 분석가' 활동을 통해 데이터 분석 프로젝트를 진행해 보자.

▸ '화폐경제학'의 이론적 개념이 현재 경제 발전에 어떤 도움이 되었는지 구체적으로 알아보고, 그렇지 않다면 그 이유에 대해 토론해 보자.

함께 읽으면 좋은 책

밀턴 프리드먼 《자본주의와 자유》 청어람미디어, 2007.

밀턴 프리드먼, 로즈 프리드먼 《선택할 자유》 자유기업원, 2022.

비얼리, 샹용이 《달러 쇼크》 프롬북스, 2010.

빈곤의 종말

제프리 삭스 ▸ 21세기북스

《빈곤의 종말》은 세계적인 경제학자인 제프리 삭스의 견해와 연구의 결과물을 담고 있습니다. 글로벌 빈곤 문제를 해결하고 지구촌의 빈곤을 종식시키기 위한 로드맵을 제시하고 있는 책입니다.

저자 제프리 삭스Jeffrey Sachs, 1954~는 미국의 경제학자이자 정책 분석가로 국제적인 경제 문제와 빈곤 문제 연구로 유명하며 국제 개발 협력에 대한 긍정적인 전망을 제시해왔습니다. 그는 지속 가능한 개발과 국제적 협력을 강조하며, 전 세계적으로 빈곤 문제를 해결하기 위해 노력한 인물 중 한 명입니다.

《빈곤의 종말》의 출간 당시, 세계는 여전히 심각한 빈곤 문제를 겪고 있었습니다. 특히 개발 도상국에서는 극도의 빈곤과 식량 부족, 질병, 교육 부족 등의 문제가 심각했습니다. 이에 제프리 삭스는 경제학적인 지식과 현장 연구에 기반하여 빈곤 문제를 해결하기 위해 그 방법을 연구했습니다. 삭스는 다양한 개발 도상국을 방문하며 현장 조사를 진행하였으며, 빈곤 문제를 해결하기 위한 정책적인 개입과 글로벌 협력의 중요성을 몸소 깨달았습니다. 이러한 경험과 연구 결과를 토대로 빈곤 문제에 대한 인식을 높이고 해결 방안을 제시하고자《빈곤의 종말》을 출간하게 됩니다.

이 책에서 삭스는 지구촌의 빈곤 문제를 해결하기 위해 다양한 주제를 다룹니다. 이 중 주요 주제는 다음과 같습니다. 첫째, 지속 가능한 경제 개발과 환경 보호의 조화를 이루는 방법에 대한 논의입니다. 둘째, 교육, 보건, 인프라 등의 사회적 기반 시설 개선을 통한 개발 도상국의 연구 개발 증진입니다. 셋째, 국제 개발 협력과 글로벌한 지원의 중요성을 강조하는 내용입니다.

삭스는 전 세계에서 '극단적 빈곤'을 종식시키는 것이 목표라고 말합니다. 그가 말하는 극단적 빈곤은 한 가정이 생존을 위한 기본적 필요를 충족시키지 못하는 단계를 의미합니다. 즉 만성적 기아 상태에 있고, 의료 시설을 이용할 수 없으며 자녀의 일부나 전부를 교육할 능력이 없는 상태를 말합니다. 그에 따르면 빈곤의 종말은 극단적 고통의 종말일 뿐만 아니라 경제적 진보의 시작입니다. 경제 발전을 수반하는 희망이자 인간의 생명을 구하는 안전의 시발점이라고 할 수 있습니다.

그는 빈곤을 끝내기 위해 가장 필요한 것은 극단적 빈민들이 '자립 경제의 사다리'에 발을 올려놓을 수 있도록 도와주는 것이라 말합니다. 이들이 시작할 마음이 생길 수 있도록 필요한 최소한의 자본을 누군가가 끌어올려줘야 한다고 말합니다. 이것이 바로 국제 사회의 지원과 해외 자본의 원조가 절실히 필요한 이유라고 말합니다. 여기서 중요한 삭스의 사고 관점은 지원과 원조가 출발선상이어야 한다는 점입니다.

제프리 삭스가 말하는 원조는 현금보다 인프라와 인적 자본, 즉 보건, 영양, 교육 분야 등의 공공 서비스에 대한 투자입니다. 그리고 빈민들이 스스로 생산성을 높이도록 자립 능력을 키우고 빈국들이 스스로 노력함으로써 성장 궤도에 올라설 수 있도록 해야 한다고 강조합니다. 이러한 과정에서 그는 저개발 국가를 위한 개발 경제학을 새롭게 '임상 경제학'이라 칭합니다. 임상 경제학의 핵심은 임상의학처럼 면밀한 진단과 그에 따른 적절한 치료법을 개발하는 것입니다. 치료를 위해 필요한 것으로 그는 다음 쪽 표에 나오는 구체적인 방법들을 제안합니다.

특히 이 책에서는 아프리카를 빈곤과 질병으로부터 구해 내기 위한 저자의 노력을 엿볼 수 있습니다. 그는 16세기에서 19세기 초까지 300년 넘은 노예 무역과 이후 1세기 동안 이어진 야만적인 식민

▶ 제프리 삭스의 임상 경제학에 따른 진단과 치료법

진단	적절한 치료법
안정화	높은 인플레이션을 종식시키고 안정적이고 통용 가능한 통화의 확립
자유화	사적 경제 활동의 합법화, 가격 통제의 철폐, 필수적 상법 제정을 통한 시장 기능의 활성화
사유화	국가 소유 자산에 대해 기업의 형태나 부분적 형태로의 사유화
사회안전망	노인, 여성, 빈민에 대한 연금, 보건 등의 제도 확보
제도적 조화	EU 등의 연합체 후보 자격 취득을 위한 경제적 법률과 제도의 채택

지 통치의 희생자인 아프리카를 약탈하고 학대한 서구가 이에 대해 어느 정도 책임을 져야 한다고 주장합니다. 실제로 아프리카는 질병(AIDS, 말라리아), 가뭄, 세계 시장과의 간극 등으로 빈곤의 악순환을 겪고 있습니다.

저자가 발표한 '경제 발전을 위한 보건 투자' 보고서를 보면, 그는 질병과 빈곤의 강한 인과관계를 규명하고, 빈국과 부국의 30년 가까운 기대 수명 차이의 원인을 제시합니다. 그리고 마지막으로 부국이 빈국의 보건 투자에 '얼마나 도와주어야 하는가?'를 명시합니다. 이러한 노력의 결과로 2001년 말에 '세계 AIDS, 결핵, 말라리아 퇴치 기금'이 탄생하게 됩니다.

삭스는 또한 2001년 9.11 사태도 빈곤 문제의 연장선에 있다고 진단합니다. 빈곤이 직접적으로 테러리즘을 발생시키는 것은 아니나 테러리스트들이 그들의 출신 부류와 관계없이 빈곤, 실업, 기아, 희망의 결여 등이 얽힌 불안정한 사회에 기생하기 때문이라는 것입니다. 실제로 국가적으로 경제가 무너지면 그 여파가 국제 사회를 불안하게 만듭니다. 1917년 볼셰비키의 권력 장악은 러시아의 경제적 붕괴 여파 속에서 발생했고, 1933년 히틀러의 출현은 대공황의 한복판에서 일어났습니다. 그 배경에 독일의 막대한 규모의 대외 채무가 깔려있었습니다. 전쟁과 테러뿐만 아니라 국제 범죄, 난민 이동, 질병 등의 심각한 여파가 이제는 어느 한 나라만의 문제가 아닌 지구촌 모두의 문제가 되어 가고 있습니다.

같은 맥락에서 저자는 지구상의 생존과 장기적 번영은 세계적 협력 기구에 달려있다고 말합니다. 유엔을 비롯해 WHO, 유니세프, 식량농업기구 같은 전문 기구들을 통해 부국의 경제력을 빈곤 극복, 기후변화 대응, 질병 퇴치 등의 방향으로 배치해야 한다고 강조합니다.

결론적으로 이는 인간이 직면한 고통을 완화시키고 경제적 복지를 확산시키려는 약속이자 더 나아가 민주주의, 세계적 안전, 과학의 진보라는 계몽주의적 목표를 증진시킬 수 있는 약속이라고 강조합니다. 《빈곤의 종말》의 근간이 된 유엔의 밀레니엄 개발목표 Millennium Development Goals, MDGs는 2015년에 종료되었지만 유엔은 이어

2015년 지속가능발전목표^{Sustainable Development Goals, SDGs}를 제시하여
2030년까지 달성을 목표로 추진하고 있습니다. 바야흐로 인간의
삶의 개선과 환경 보호를 목표로 온 세계가 힘을 합쳐야 할 때인 것
입니다.

이 책을 통해 전 세계적인 빈곤 문제에 대한 인식을 높이고, 삭스
의 통찰력 있는 분석과 해결책을 통해 빈곤 문제의 복잡성과 심각
성을 이해하길 바랍니다. 이뿐만 아니라 제프리 삭스가 주장하는
인류가 함께 지켜야 하는 인간적 가치란 무엇인지, 그리고 그것을
위한 경제적 실천에는 어떤 것이 있는지에 대한 깊은 성찰을 토대
로 더 나은 세계를 위한 글로벌한 노력에 관심을 가지고 현재 자신
이 생각해 볼 수 있는 현실적인 방법과 대안을 고민하고 제시해 보
면 좋겠습니다.

도서 분야	경제	관련 과목	통합사회, 경제, 정치, 국제관계의 이해, 기후변화와 지속가능한 세계	관련 학과	사회학과, 경제학과, 정치외교학과, 국제사회학과

▶ 기본 개념 및 용어 살펴보기

경제학의 기본 개념 및 용어

개념 및 용어	의미
유엔 밀레니엄 개발 목표	유엔 밀레니엄 개발 목표MDGs, Millennium Development Goals는 2000년에 유엔 총회에서 채택된 글로벌 개발 목표로, 2015년까지 전 세계 빈곤 퇴치와 인간 발전을 촉진하기 위해 설정된 8개의 목표임. 각 목표는 빈곤, 질병, 교육, 성평등, 환경, 개발을 위한 글로벌 파트너십 등 주요 분야를 포함함.
유엔 지속가능 발전목표	유엔 지속가능발전목표SDGs, Sustainable Development Goals는 세계적인 지속 가능한 발전을 위한 17개 목표로 이루어진 계획으로 2015년 유엔 총회에서 채택되었으며, 2030년까지 국제적으로 지속 가능한 개발을 추진하고 빈곤, 기후 변화, 불평등, 인종 차별, 평화 등 다양한 문제들에 대한 해결을 목표로 함.
국내총생산	국내총생산Gross Domestic Product, GDP은 일정 기간 동안 한 국가에서 생산된 모든 재화와 서비스의 시장 가치의 총액을 나타내는 통계 지표

▶ 시대적 배경 및 사회적 배경 살펴보기

제프리 삭스의 '빈곤의 종말'은 1990년대 후반의 국제적인 환경을 배경으로 하고 있다. 이 때는 새로운 경제 체제의 도래, 글로벌 금융 시스템의 변화, 그리고 국제적인 개발 협력의 중요성이 부각되던 시기였다. 저자는 사회적 배경 관점에서 두 가지 측면을 제시하는데, 첫째는 글로벌 빈곤 문제의 심각성 인식이다. 지구상의 가난한 계층이 지속적인 어려움에 처해 있음을 드러내고, 이를 해결하기 위해 국제 사회와 정부, 기업의 협력이 필요하다고 주장한다. 둘째, 경제적 불평등과 사회적 정의를 강조하며 이 문제에 대한 인식을 높이는 것이다. 전 세계적인 발전을 위해서는 불평등을 해소하고 모든 국가 및 사람들이 혜택을 누릴 수 있는 정의로운 사회를 구축해야 한다고 이야기한다.

이를 토대로 현장에서의 실천적인 해결책을 제시하는데 이는 기존의 개발 지원 방식과는 다른 새로운 접근법으로 사회적 관심을 불러일으켰다. 이 책은 세계적인 빈곤 문제에 대한 인식을 높이고, 국제 사회에 해결책을 제시하기 위한 목적을 분명히 하는 경제 고전으로 반드시 읽어야 할 필독서다.

현재에 적용하기

이 책의 핵심 내용인 빈곤을 종식시키는 여러 방안에 대해 검토하고, 현재 사회에도 비슷하게 나타나고 있는 여러 빈곤 현상에 적용 가능한 해결책과 대안을 찾아보자.

생기부 진로 활동 및 과세특 활용하기

▶ 책의 내용을 진로 활동과 연관 지은 경우(희망 진로: 경제학자)

'빈곤의 종말(제프리 삭스)'을 읽고 빈곤을 종식시키는 것은 도덕적 의무일 뿐만 아니라 세계 경제의 안정과 안보에도 필수적이라는 자신의 의견을 담아 빈곤 퇴치의 중요성에 대한 생각을 글과 카드뉴스로 정리하여 학교 경제 과목 게시판에 공유함. 빈곤을 종식시키기 위한 구체적인 방안에 대해 직접 자료 검색과 설문조사를 하여 동료 학생들의 빈곤에 대한 인식 고취에 기여하였고, 캠페인 활동을 연계하여 열정적으로 참여하며 행동으로 실천하는 모습을 보임. '빈곤의 종말'에서 제안한 빈곤 퇴치의 방안이 지역 간의 불평등과 차별을 간과했다는 문제점을 지적하고, 이를 반영하여 실효성 있는 빈곤 퇴치 정책을 위해서는 경제학적 개념으로 접근해야 한다고 주장하는 모습이 매우 인상적이었음. 사회 및 경제 개발에 필수적인 교육, 건강, 인프라 및 기타 기본 서비스에 대한 투자를 우선시해야 하지만, 그 과정에서 여러 실효성 및 지속 가능성 문제들이 발생할 수 있음을 제시하여 제프리 삭스의 핵심 주장의 양면성을 정확하게 짚어내는 등 경제학도로서의 미래 발전 역량과 비판적 사고 역량을 보임.

‣ 책의 내용을 사회 교과와 연관 지은 경우

세계화 속 국제 관계의 이해와 경제 발전의 이면에 관심이 많은 학생으로, 모든 사람들의 행복을 목표로 지혜로운 방안을 찾기 위해 경제 고전 속에서 해답을 찾아 발표함. 그중 '빈곤의 종말(제프리 삭스)'을 읽고 대부분 지역이 극단적 빈곤 상태에서 시작했음을 발견하고, 국제 사회의 통합적인 해결책 및 경제학적 관점으로 접근한 해결 방안에 대해 탐구 보고서를 작성함. 특히 반세기 전만 해도 근근이 끼니를 이어가던 우리나라가 경제 대국 G12에서 G8 진입을 눈앞에 두기까지는 국제 사회의 원조가 큰 역할을 담당했음을 강조하며 다른 나라의 극단적 빈곤 퇴치의 방안에도 원조의 필요성과 중요성을 깨닫게 되었음을 소감문에 작성함. 지속 가능한 경제 성장 프로젝트 활동에 참여하여 사회경제적 불평등, 부패, 부적절한 제도와 같은 빈곤의 근본 원인을 해결하면서 동시에 빈곤을 악화시키고 개발을 방해하는 기후 변화, 성 불평등, 사회적 배제 문제를 함께 해결해야 함을 알리며 구체적으로 사례를 제시하는 카드뉴스를 제작하여 동료들의 큰 호응을 받음.

후속 활동으로 나아가기

▸ 제프리 삭스가 주장하는 빈곤 퇴치의 방안들을 우리나라 경제와 역사에 대입하고 분석하여 그 가능성을 진단하고, 나라별 지역별로 실효성을 개선하기 위한 비전을 제시하는 경제 에세이를 작성해 보자.

▸ 현대 경제학 흐름에 많은 영향을 끼치고 있는 경제학자 제프리 삭스에 대해 작가의 생애, 주요 행적, 인물에 대한 평가 등을 포함하여 '경제학자 카드'를 작성해 보자.

▸ '빈곤의 종말'에서 제안하는 빈곤 퇴치의 방안이 실제 적용된 나라의 사례를 찾아보고, 현대에 극단적 빈곤을 겪는 나라 및 지역에 적용 가능한지, 그렇지 않다면 어떠한 점을 개선해야 하는지 탐구 분석 보고서를 작성해 보자.

▸ 많은 이들이 인류의 행복을 위해 노력함에도 불구하고 왜 아직도 현대 사회에는 극단적 빈곤이 존재하는가에 대해 사회, 문화, 정치적인 측면들을 종합적으로 분석하여 통찰하는 내용으로 카드뉴스로 제작하고 이를 활용하여 빈곤 퇴치 캠페인을 해보자.

▸ 세계적인 빈곤 문제에 대한 인식을 높이고, 국제 사회에 해결책을 제시한다는 목적에 입각하여 현재 지구 곳곳에서 벌어지고 있는 전쟁과 테러를 조사하여 알리는 내용의 SNS 게시글을 작성하고 공유해 보자.

함께 읽으면 좋은 책

제프리 삭스 《지속 가능한 발전의 시대》 21세기북스, 2015.

제프리 삭스 《커먼 웰스》 21세기북스, 2009.

제프리 삭스 《문명의 대가》 21세기북스, 2012.

아마르티아 센 《세상은 여전히 불평등하다》 21세기북스, 2018.

아마르티아 센 《자유로서의 발전》 갈라파고스, 2013.

열두 번째 책

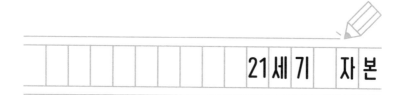

21세기 자본

토마 피케티 ▶ 글항아리

《21세기 자본》은 현대 사회의 경제적 불평등과 부의 집중에 관해 분석하는 책입니다. 토마 피케티는 재무 데이터를 기반으로 부의 불평등이 증가하는 경향을 강조하며 부의 재분배를 위한 세금 정책 등의 방안을 제시합니다. 자본주의 시스템의 잠재적인 문제와 미래에 대해 경고하며 사회적 공정성과 평등에 대한 새로운 시각과 개념을 알려주는 책입니다.

저자 토마 피케티^{Tomas Piketty, 1971~}는 1971년 파리에서 태어난 프랑스의 경제학자이자 저술가입니다. 피케티는 소득 불평등과 부의 집중에 관한 연구로 유명합니다. 그는 역사적 데이터와 통계 자료를 토대로 경제적 불평등의 원인과 영향을 연구하고, 이를 통해 불평등을 완화하기 위한 정책적 개입을 제안합니다. 피케티는 21세기 현대 사회의 경제 문제에 대한 선명한 분석력을 갖춘 학자이자 우리 현대 사회의 공정성과 평등을 위한 노력으로 많은 이들에게 영감을 주고 있는 경제학자 중 한 명입니다.

《21세기 자본》은 세계적으로 심각한 소득 불평등과 부의 집중이 증가하고 있는 현상에 대한 우려가 커지는 가운데 출간되었습니다. 이 책에서 피케티는 과거 수십 년간의 경제적 데이터와 통계 자료를 분석하여, 자본의 누적과 부의 집중이 현대 사회에서 어떻게 이루어지고 있는지를 연구합니다. 그는 이를 통해 경제적 불평등이 사회의 안정과 공정성에 어떤 영향을 미치는지를 보여줍니다. 《21세기 자본》은 출간 직후 전 세계적으로 큰 반향을 일으키며, 경제학과 사회학 분야에서 폭넓은 토론과 논의를 이끌어 내는 등 화제가 되었습니다.

《21세기 자본》은 총 4부 16장으로 구성되어 있습니다. 제1부 '소득과 자본'에서는 이 책의 기본 개념들을 소개합니다. 대표적으로 국민소득, 자본, 소득, 노동, 정치, 자본과 소득 비율의 개념을 제시하고, 세계적으로 소득과 생산의 분배가 어떻게 변화해 왔는지를 거시적인 시각에서 살펴봅니다. 특히 산업 혁명 이후 인구와 생산 성장률이 어떤 변화 양상을 보였는지 상세히 분석한 것이 눈에 띄는 부분입니다.

제2부 '자본/소득 비율의 동학'에서는 자본과 소득 비율의 장기적인 변화에 대한 전망을 기반으로 21세기에 세계적으로 국민소득이 노동과 자본 사이에 어떻게 분배되는지를 살펴봅니다. 장기간에 걸쳐 가장 많은 자료를 확보하고 있는 영국과 프랑스의 사례에서 시작해 독일과 미국의 사례를 거쳐 전 세계의 역사적 데이터를 간추리는 이 단계를, 저자는 자본주의의 동학을 예측하기 위한 사전 작업을 수행하는 예비적 단계라 말합니다.

제3부 '불평등의 구조'에서는 본격적으로 노동 소득과 자본 소득에 따른 불평등의 수준을 개관한 뒤 역사적 데이터를 확보한 모든 나라에서 전개된 불평등의 역사적 동학을 분석합니다. 또한 오랜 기간에 걸쳐 상속 재산의 중요성이 어떻게 바뀌었는지 연구하고, 21세기 초 세계적인 부의 분배를 전망합니다. 특히 자산을 많이 가진 사람들의 상속 문제를 살피며 부의 대물림에 관해서 심도 있게 설명합니다.

마지막으로 제4부 '21세기의 자본 규제'에서는 규범적이고 정책적인 대안을 도출하기 위한 결론을 제시합니다. 지금의 상황에 적합한 '사회적 국가'의 모습을 진단한 다음, 누진적인 '글로벌 자본세'를 제안합니다. 그리고 이 대담한 대안을 유럽의 부유세, 중국의 자본 통제, 각국의 보호주의 부활에 이르기까지 다양한 규제들과 비교하며 설명합니다. 저자는 지금 이 시간에도 증가하고 있는 불평등의 구조를 타파하기 위해서 규제가 필요하며, 누진적 소득세 및 글로벌 자본세와 전 세계 시민들의 이해와 동의가 필요한 사회적 국가의 건설이 필요하다고 주장합니다.

21세기 자본	피케티의 핵심 주장
경제적 불평등 이론	자본 수익률>경제 성장률일 때, 불평등 증가
정책 제안	전 세계적인 자산세 도입

이렇게 피케티는 기존의 경제 이론에서는 무시되거나 간과되었던 자본의 누적과 상속 문제의 중요성을 강조하며, 이를 통해 부의 집중과 소득 격차의 증가를 설명 합니다. 또한 그는 경제적 불평등이 사회의 안정성과 경제 성장에 부정적인 영향을 미칠 수 있다는 주장을 제시하며, 이를 해결하기 위한 정책적 개입과 세금 조정을 통한 경제 불평등 완화 방안을 제안합니다.

물론 다양한 국가와 문화에서 부의 불평등에 대한 정의가 상이하다는 점, 이와 관련하여 데이터 수집에 있어서의 한계, 시간이 흐름에 따라 발생하는 다양한 경제적 변화를 충분히 예측하기가 어려운 점, 글로벌 자산세라는 담대한 정책 제안의 실효성 측면 등에서 피케티의 연구가 논란이 많은 것은 사실입니다. 하지만 피케티의 연구와 제안은 경제적 불평등과 부의 집중에 대한 인식을 높이고, 이를 해결하기 위한 정책적 논의와 사회적 변화를 촉진하는 데 기여했다는 점에서 시사하는 바가 큽니다.

《21세기 자본》은 경제적 불평등이 어떻게 발생하고 확대되는지에 대해 심층 탐구하는 책입니다. 이 책을 통해 현대 사회의 경제적 불평등에 대해 구조적이고 본질적인 갈등의 원인을 분석하고 현재 우리나라의 경제 동향에 적용하며 피케티의 정책 제안의 실효성을 고민해 볼 필요가 있습니다. 더불어 누진적 소득세와 자본세가 불평등을 해소하고 모든 국가가 발전된 방향으로 나아가는 유일한 방법인지에 관해서도 한 번쯤 생각해 보면 좋겠습니다.

도서 분야	경제	관련 과목	통합사회, 경제, 정치	관련 학과	사회학과, 경제학과, 정치외교학과

▶ 기본 개념 및 용어 살펴보기

경제학의 기본 개념 및 용어	
개념 및 용어	**의미**
자본	'21세기 자본'에서 언급하는 자본은 생산 수단이자 부의 축적을 나타내는 개념으로 정의하며 주로 부동산, 주식, 채무, 생산수단 등을 포함함.
자산세	자산세는 개인이나 기업의 보유 자산에 대해 부과되는 세금으로, 그 가치에 따라 부과되며, 보유 자산은 주로 주택, 토지, 주식, 예금 등의 형태임.
노동	생산의 주체로서 개인이나 집단이 생산적인 활동을 통해 부의 생성에 기여하는 행위

▶ 시대적 배경 및 사회적 배경 살펴보기

'21세기 자본'이 출간된 시대적 배경은 2008년 세계 금융 위기로 거슬러 올라간다. 당시 금융 위기는 미국의 금융 시장에서 시작되어 전 세계로 파급되며 세계적인 수준의 경제 불안정성을 초래했다. 이 시점에 피케티는 글로벌 부의 불평등과 경제적 불안정성 사이의 관계에 주목하고 분석하기 시작하였으며, 특히 그는 기존의 경제학과는 다른 관점에서 자본과 소득의 관계를 다시 살펴보고자 했다. 부의 불균형이 사회적 불만과 불안정성을 초래할 수 있다는 인식이 높아지는 시점에서 '21세기 자본'은 이러한 부의 불평등과 사회적 불안정성이 어떻게 상호 작용하고 있는지에 대한 관점을 제시하며 사회적 문제에 대한 인식을 높이고자 했다. 이러한 시대적 및 사회적 배경은 '21세기 자본'이 글로벌한 부의 불평등 문제에 대한 새로운 시각을 제시하고, 경제적 양극화와 부의 불균형에 대한 사회적 관심을 촉진한 중요한 계기가 되었다고 볼 수 있다.

현재에 적용하기

토마 피케티가 제안한 '글로벌 자산세'의 실효 가능성 또는 그에 대한 대안을 탐색하고 발표해 보자.

생기부 진로 활동 및 과세특 활용하기

▶ **책의 내용을 진로 활동과 연관 지은 경우** (희망 진로: 글로벌 경제학자)

'21세기 자본(토마 피케티)'을 읽고 피케티가 주장하는 자본과 소득의 관계 및 경제적 불평등을 야기시키는 구체적인 지점을 탐구 자료로 작성하여 발표함. 장래 경제 분야의 진로를 희망하며 경제 용어 개념 보고서를 작성하고, 피케티가 제시한 '글로벌 자산세'의 정책적 제안을 매우 흥미롭게 느꼈다고 독후 소감문에 작성함. 특히 글로벌한 시각에서 경제적 불평등이 어떻게 형성되는지, 또한 국제적 협력과 개입이 부의 불평등을 어떻게 해소할 수 있는지를 고려하는 것이 중요하며 지속 가능한 경제 모델을 만들기 위한 다양한 정책적 대안을 탐색하고 싶다는 자신만의 독창적인 주장을 담은 경제 에세이를 완성도 높게 작성함. 이를 통해 경제 현상에서 발견한 문제의 원인을 파악하고 해결책을 제시하는 미래 경제학도로서의 역량을 발휘함. 이뿐만 아니라 우리 경제 질서의 기본 원리와 경제 현상의 상호 관련성을 실제적 측면에서 탐구하고, 변화하는 경제 상황에 대한 자료를 수집, 분석하여 문제를 해결할 수 있는 역량을 보임. '경제 주체의 종류 및 역할 탐구하기' 활동에서 정부가 소득 재분배 역할을 하는 이유에 대해 사회적 불평등과 연관 지어 자신의 견해가 명확히 드러나도록 논리적으로 작성하며 진로 분야와 연결된 고전 독서의 심화 활동 과제를 완성도 높게 제출함.

▸ 책의 내용을 사회 교과와 연관 지은 경우

사회에서 일어나는 다양한 현상의 의미와 그 이면에 관심이 많은 학생으로, 사회 경제학 분야의 기초 개념을 정립하기 위해 경제 고전 속에서 해답을 찾아 발표함. 그중 '21세기 자본(토마 피케티)'을 읽고 부의 불평등에 대해 명확히 인식하게 되었다며, 경제, 사회, 정치에 걸친 다양한 주제를 다루고 있는 책 내용을 세분화하며 분석하는 보고서를 작성하는 등 '경제 고전 소개하기' 활동에 매우 적극적으로 참여함. 특히 발표 과정에서 피케티의 이론과 주장을 비판적으로 살펴보고 자신만의 의견을 피력하는 등 비판적 사고 역량이 돋보임. 경제 현상의 변화와 성과를 나타내는 경제신문 제작을 통해 부의 불평등을 해결하는 방안에 대해 끊임없이 고민하고 심화 탐구 연계 활동을 하고 싶다는 포부를 밝히는 등 미래 사회학도로서의 열정과 의지가 매우 높은 학생임. 이와 함께 경제적 불평등 완화를 위한 정부의 저소득층 세금 감면 혜택에 대해 탐구하고 학습 활동지를 직접 작성한 후 이를 모둠원들과 공유하며 공동체 사회 토론 역량을 함양함.

▸ 토마 피케티가 방대한 데이터들을 정리하며 분석한 수학적 방법을 활용하여 특정 경제 현상의 역사적 추이를 수학적 접근법으로 살펴보고 이를 신문 기사 형식으로 작성해 보자.

▸ '21세기 자본'을 통해 현재 우리 사회의 경제적 불평등 문제의 원인을 찾아 근본적인 해결책으로 구체적인 정책을 제안하는 경제 정책 보고서를 작성해 보자.

▸ 토마 피케티의 또 다른 명저 '자본과 이데올로기'를 읽고 피케티의 경제학 개념을 비교하는 서평을 작성해 보자.

▸ 전 세계적으로 부의 집중에 따른 경제적 불평등 해소를 위해 각 국가에서 시행하는 정책을 살펴보고, 피케티의 주장 및 이론과 공통점이 있는지 분석하는 경제 정책 분석 보고서를 작성해 보자.

▸ 이 책에서 토마 피케티가 말하는 부의 불평등이 해결되면 자본주의와 민주주의 둘 다 유지될 수 있다는 주장에 대해 모둠별로 토론하여 자신의 견해를 정립해 보고, 궁극적으로 자본주의와 민주주의가 공존할 방법에 대해 살펴보자.

함께 읽으면 좋은 책

토마 피케티 《자본과 이데올로기》 문학동네, 2020.
토마 피케티 《피케티의 신자본론》 글항아리, 2015.
조지프 스티글리츠 《불평등의 대가》 열린책들, 2013.

생각에 관한 생각

대니얼 카너먼 ▸ 김영사

《생각에 관한 생각》은 행동경제학과 심리학에 기반하여 인간의 사고와 의사 결정 메커니즘을 탐구한 책입니다. 인간의 심리 구조를 시스템 1과 시스템 2로 구분하여 우리의 판단과 의사 결정에 영향을 미치는 인지적 프로세스를 탐구하는 내용이 담겨 있습니다.

저자 대니얼 카너먼Daniel Kahneman, 1934~2024은 이스라엘 태생의 미국 심리학자이자 행동경제학자로, 심리학과 경제학의 경계를 허문 인간의 의사 결정에 관한 연구를 통해 '행동경제학' 이론을 창시한 인물입니다. 2002년에 다니엘 카너먼은 경제학자가 아닌 심리학자로서 최초로 노벨 경제학상을 수상하기도 했습니다.

이 책은 총 5부로 구성되어 있습니다. 1부는 판단과 선택에 있어

목차	제목	키워드
1부	두 시스템	시스템 1, 시스템 2
2부	어림짐작과 편향	의사 결정에 미치는 영향
3부	과신	과신의 메커니즘과 결과 분석
4부	선택	선택이 인간의 행동에 미치는 영향
5부	두 자아	경험적 자아, 기억하는 자아

서 두 시스템이 미치는 영향의 기본 원리를 제시합니다. 카너먼은 직관적으로 빠르게 생각하는 스타일을 시스템 1, 신중하고 느리게 생각하는 스타일을 시스템 2로 나누어서 설명합니다. '빠르게 생각하기'는 직관에서 나오는 어림짐작의 생각을 말합니다. 그리고 '신중하고 느리게 생각하기'는 좀 더 신중하게 수고를 들이는 과정이 필요한 생각하기를 말합니다.

시스템 1은 우리가 오랜 진화의 과정을 거쳐 생존과 번식에 유리하게 이루어진 특징과 깊은 연관이 있습니다. 무의식적으로 이루어지는 반복적인 일상생활의 루틴은 사실 시스템 1에 의해 저절로 굴러갑니다. 한편 시스템 2는 깊이 생각하거나 문제를 풀기 위해 복잡한 계산을 하는 과정을 담당합니다. 학교에서 수학 문제를 풀거나 어떤 진로를 결정해야 할지 고민할 때, 그리고 복잡한 양식을 채워 넣어야 할 때 시스템 2가 활성화됩니다.

▶ 시스템 1과 시스템 2의 의미

	의미
시스템1	자연스러움, 감각, 감정, 직관, 자동, 빠르게, 힘들이지 않고 사고하는 과정의 원리
시스템2	의식적, 지속적 노력이 요구되며 집중, 자연스럽지 않은 일, 느리게, 즉 이성적 사고의 기본 원리

카너먼은 우리가 합리적인 의사 결정을 하기 위해서는 인지적 편안함Cognitive Ease을 경계해야 한다고 말합니다. 인지적 편안함은 시스템 1이 일으키는 대표적인 오류로 좀 더 익숙하거나 쉽고 이해하기 쉬운 것들이 더 진실에 가깝다고 느끼는 현상입니다. 반대로 낯설고 난해하며 까다로운 생각을 요구하는 대상의 경우 인지적 압박감을 끌어올리면서 시스템 2를 가동하게 됩니다.

이어서 카너먼은 점화 효과를 설명합니다. 이는 이전에 경험한 자극이 자신의 의지와 상관없이 이후 정보의 해석과 판단에 영향을 주는 심리 현상을 말합니다. 그에 따르면 인간은 의식적이고 자율적으로 판단하고 선택하는 존재가 아닙니다. 바로 이것이 행동경제학의 핵심입니다.

또한 후광 효과에 대해서도 언급합니다. 후광 효과는 시스템 1이 세상을 실제보다 더 단순하고 일관되게 표현하는 한 가지 방식입니다. 다니얼 카너먼은 이런 현상을 휴리스틱Heuristics이라고 소개합니다. 이는 합리적인 판단을 할 수 없거나 굳이 할 필요가 없는 상황에서 신속하게 사용하는 어림짐작의 기술이라고 할 수 있습니다. 대부분 사람들은 이러한 '주먹구구 또는 어림짐작'이라는 시스템 1에 의해서 지배를 받습니다. 이를 제지하고 통제하고 관리하는 것이 바로 시스템 2입니다. 저자는 시스템 1과 시스템 2가 서로 조화를 이루면서 생각할 수 있는 환경을 스스로 만들어 나가는 의지가 중요하다고 강조합니다.

2부에서는 어림짐작을 다룬 최신 연구 결과를 소개하며 어림짐작의 한계에 대해 설명합니다. 어림짐작은 복잡한 문제를 해결할 때 신속한 판단을 가능케 하지만, 가끔은 실수와 오류를 일으킬 수 있습니다. 생존에 필수적이지만, 그 특성상 오류가 발생하기 쉽습니다. 편향 또한 주관적인 경향이나 선입견으로 인해 판단을 왜곡하거나 영향을 받는 것을 말합니다. 여러 가지 편향이 의사 결정에 영향을 미치며, 이는 종종 비합리적인 행동으로 이어질 수 있습니다. 저자는 어림짐작과 편향이 어떻게 우리의 의사 결정에 영향을 미치는지를 심층적으로 살펴보며, 이러한 특성들이 비합리적인 판단으로 어떻게 이어질 수 있는지를 설명합니다.

3부의 주제는 '과신'으로 통계적 사고의 어려움에 관해 이야기합니다. 카너먼은 이 부분에서 다양한 실험과 연구를 통해 과신의 메커니즘과 결과를 분석합니다. 그는 과신이 어떻게 실수와 오류를

야기할 수 있는지를 설명하며, 과신이 다양한 환경에서 어떻게 나타나는지를 예를 들어 설명합니다. 또한 카너먼은 과신을 극복하기 위한 전략과 방법에 대해서도 논의합니다. 예를 들어, 자기반성과 비판적 사고, 다양한 의견 수렴, 외부의 조언과 피드백을 활용하는 등의 방법을 소개하며, 과신을 완화하고 실수를 최소화하는 방향으로 의사 결정을 내리는 방법을 제시합니다.

4부에서는 '선택' 결정의 본질과 관련하여 선택이 인간의 행동에 미치는 영향을 탐구합니다. 선택의 주체가 어떤 기준으로 결정을 내리고 어떤 영향을 받는지, 선택이 어떻게 인간의 의사 결정에 영향을 미치는지를 분석하며 선택의 본질과 결과에 대한 다양한 측면을 다룹니다.

마지막으로 5부에서는 두 가지 자아, '경험하는 자아'와 '기억하는 자아'의 차이점을 소개합니다. 예를 들어, 우리는 '경험 자아'를 만족시키기 위해 떠난 여행에서 어떤 것도 하지 않고 오직 사진만 열심히 촬영함으로써 '기억하는 자아'만 만족시키는 경우가 있습니다. 두 자아가 어떻게 상호 작용하며 통합되는지에 대한 내용으로, 이를 토대로 각자의 강점을 최대한 활용하고 상호 보완함으로써 더 효과적인 의사 결정을 내릴 수 있는 방법을 탐구합니다.

《생각에 관한 생각》은 다양한 문화 간의 차이와 인간의 복잡한 심리, 감정 요인을 모두 고려하지 못했다는 논란과 한계가 있음에도 불구하고 경제학의 패러다임을 한층 확장하고 경제 주체의 행동을 더 잘 이해하려는 노력을 보여주었다는 점에서 의미가 큰 책입니다.

대니얼 카너먼은 경제학과 심리학을 넘나들며 '행동심리학'이라는 인간의 판단과 의사 결정에 관한 이론을 만들어 냈으며, 경제학과 심리학을 연결시킨 그의 이론은 새로운 시각을 제공하는 데 큰 영향을 끼쳤습니다. 이 책을 읽는 여러분도 이러한 부분을 기반으로 내 안에서의 생각만이 아니라 밖에서 나를 들여다보고 분석할 수 있는 생각의 힘을 길러 나갈 수 있다면 좋겠습니다.

도서 분야	경제	관련 과목	통합사회, 경제	관련 학과	사회학과, 경제학과, 심리학과

▶ **기본 개념 및 용어 살펴보기**

경제학의 기본 개념 및 용어

개념 및 용어	의미
행동경제학	행동경제학behavior economics은 인간의 합리성을 굳건히 믿는 전통 경제학과는 달리, 예측 불가능한 인간의 심리와 본성에 초점을 맞추고 심리학을 비롯한 여러 사회과학을 경제학 모형에 폭넓게 적용함으로써 변덕스러운 인간 행동을 보다 정확하게 설명하고자 시도한다는 점이 특징임. 인간은 합리적이고 이성적인 의사 결정을 하는 주체가 아니라 환경과 조건에 따라서 불합리한 의사 결정과 다양한 편향bias을 갖고 있는 존재라고 보는 학문임.
후광 효과	어떤 특정한 긍정적인 또는 부정적인 특성이 한 영역에서 관찰되면, 그 특성이 속한 개체나 사람에 대한 평가가 다른 영역에서도 긍정적이거나 부정적으로 영향을 미치게 되는 것을 의미함.
휴리스틱	'생각에 관한 생각'에서 언급하는 휴리스틱Heuristic은 간단한 규칙 또는 근사적인 판단 방식을 나타내며 이는 복잡한 문제나 결정을 단순화하고 빠르게 판단하기 위해 사용되는 일종의 규칙이나 편법임. 휴리스틱은 정보가 부족하거나 처리 능력이 제한적일 때 특히 유용하며, 일상적인 상황에서 인간이 빠르게 결정을 내릴 때 사용되는 경향이 있음.

▶ 시대적 배경 및 사회적 배경 살펴보기

원제가 'Thinking, Fast and Slow'인 대니얼 카너먼의 저서 '생각에 관한 생각'
은 2000년대 이후 행동경제학이 부상하면서 인간의 의사 결정과 행동에 대한 새로운
시각으로 주목받았다. 디지털 기술의 발전과 정보 과다의 시대에 개인이 어떻게 판단
을 내리는지에 대한 통찰을 제공하고 있을 뿐만 아니라 개인의 선택이 사회적 맥락에
서 어떻게 영향을 받는지에 대한 논의를 도입하였다. 이러한 시대적·사회적 배경 속에
서 '생각에 관한 생각'은 의사 결정과 판단에 대한 심도 있는 통찰을 제공하여 현대 사
회에 인간 행동과 사고에 대한 새로운 시각을 제시했다는 점에서 의미가 크다.

현재에 적용하기

이 책에서 인간의 행동과 의사 결정에 대한 다양한 예시를 확인하고 개인의 행동이나
판단에, 혹은 사회적 차원의 정책 결정에 적용되고 있는 부분이 있는지 탐색하고 비교
해 보자.

▸ **책의 내용을 진로 활동과 연관 지은 경우**(희망 진로: 경제학자)

평소 독서를 통해 진로 분야에 관해 깊이 있는 생각을 확장해 나가는 것을 즐겨하는 학생으로 다양한 고전 읽기를 통해 사고력의 폭을 확장함. 그중 '생각에 관한 생각(대니얼 카너먼)'을 읽고 행동경제학의 연구에 관심이 매우 많아졌음을 소개하며 개인 차원, 또는 사회 차원의 의사 결정 상황에서 벌어지는 여러 상황을 '경제학과 심리학'이라는 제목으로 스토리텔링형 보고서로 제작하고 이를 영상으로 변환하여 발표함. 발표 과정에서 질의 응답시간에 시스템 1과 시스템 2의 유형을 적절한 예시를 들어 친구들에게 쉽게 설명하는 모습에서 뛰어난 의사소통 능력과 설명 능력을 확인함. 추후 심화 프로젝트 활동으로 '행동경제학의 변화와 적용'이라는 주제로 대니얼 카너먼, 트버스키, 탈러 등의 다양한 행동경제학 연구가들을 카드뉴스로 제작하여 소개함. 장래에 경제학 분야에 진로를 희망하며, 다양한 사회 경제 현상이 '왜' 일어났는지를 이해하려면 심리학과 사회학의 다방면에 걸친 공부가 제반되어야 한다고 경제 에세이를 통해 의견을 제시하며 자신의 꿈과 연관 지어 미래 경제학도로서 열정을 표현한 부분이 인상적이었음.

▸ 책의 내용을 사회 교과와 연관 지은 경우

지적 호기심이 넘치는 학생으로 수업 중 다뤄지는 모든 주제에 흥미를 갖고 임하며 사회를 바라보는 통찰력을 키워가는 학생임. 경제 고전을 통해 현재의 사회 현상을 이해하고 해결할 지혜를 찾고자 하며, 그중 '생각에 관한 생각(대니얼 카너먼)'을 읽고 '생각'에 대해 깊이 성찰하는 기회를 가짐. '경제 고전 재해석하기' 활동에 참여하여 '생각'이라는 것이 인간의 가치뿐만 아니라 성공과 행복, 나아가 존재 이유를 말하는 것임을 다시 한번 느끼게 되었다고 소감문에 작성함. 특히 고정 관념이나 편향 혹은 습관 등 비합리적인 틀에서 벗어나 합리적이고 실질적인 사고 능력을 키워야 함을 주장하며, 활동 보고서를 발표하는 과정에서 동료들의 높은 호응을 받음. 경제 동아리 활동에서는 행동경제학의 역사적 큰 흐름을 마인드맵 형태로 제작하여 소개함. 또한 대니얼 카너먼의 핵심 사상을 바탕으로 시스템1과 시스템2를 인포그래픽으로 제작하여 캠페인 활동에 참여하며 합리적인 의사 결정을 이끄는 마인드가 중요함을 널리 알리는 데 주도적인 역할을 해냄.

생기부 고전 필독서 30 **경제** 편

후속 활동으로 나아가기

▸ '생각에 관한 생각'의 큰 줄기인 인간의 사고와 판단에 대한 깊은 이해를 바탕으로 '내 생각의 진정한 주인이 되는 법'이라는 주제로 자아 성찰 에세이를 작성해 보자.

▸ 주변에 흔히 발생하는 사회 및 경제 현상에 관한 기사를 스크랩하고, 행동경제학 관점에서 '이 현상의 원인은 무엇이고, 왜 일어났으며, 또 어디에서 이런 비슷한 현상이 일어날 수 있는가'를 다각도에서 분석하여 보고서를 작성해 보자.

▸ 일상에서 찾을 수 있는 인간의 비합리적 행동 편향의 예시를 찾아보고, 사례의 패턴을 탐구해 보자. 의사 결정 과정에서의 인식적 편향과 오류를 직접 조사하며 '생각에 관한 생각'의 이론을 실천해 보자.

▸ '생각에 관한 생각'의 5부에서 제시하는 서로 다른 두 자아가 행복을 추구하는 방법을 개인뿐 아니라 대중의 행복을 정책 목표로 삼는 사회로 확장하여 구체적인 방안을 모색하는 프로젝트를 시행해 보자.

함께 읽으면 좋은 책

대니얼 카너먼, 애드 디너, 노르베르트 슈바르츠 《행복의 과학》 아카넷, 2020.

대니얼 카너먼, 올리비에 시보니, 캐스 R. 선스타인 《노이즈》 김영사, 2022.

| | | | | | 거 | 대 | 한 | | 전 | 환 |

제러드 라이언스 ▶ 골든어페어

《거대한 전환》은 시스템적 관점에서 세계 경제를 전망하며 경제를 움직이는 영역과 세계 경제의 여러 동력을 이용하여 미래 경제 상황을 예측하고 진단하며 경제 발전의 방향성을 알려주는 책입니다.

제러드 라이언스Jared Patrick Lyans, 1961~는 영국의 경제학자로, 2008년 8월 심각한 경기 침체가 임박했다고 정확히 예측하여 많은 이들을 놀라게 했던 세계 최고의 경제 전망가입니다. 또한 그는 1980년대 영국의 버블 붕괴와 1990년대 파운드화 폭락을 정확히 예측하기도 했습니다. 2016년 6월 영국이 유럽연합EU을 탈퇴하는 브렉시트Brexit가 결정될 당시 브렉시트를 지지한 대표적 경제학자였습니다. 그는 수리경제학이나 통계학에 기반한 시각이 아닌 경제의 시스템적 사고를 지향하는 미래학자이자 경제학자입니다.

제러드 라이언스의 《거대한 전환》이 나오게 된 배경은 2008년 경제 위기 이후 세계 경제가 균형을 찾아가고 있을 시기였습니다. 위기는 비교적 진정되었으나 미국과 중국 간의 알력 다툼, 4차 산업 혁명의 도래 등 새로운 경제 질서를 향해 나아가는 중이었습니다. 이러한 전환을 어떻게 바라보고 전망할 것인가를 두고 경제학계에서도 통찰이 필요한 시점이었는데, 이때 제러드 라이언스가 수리경제학이나 통계학에 기반한 시각이 아닌 경제의 시스템적 사고를 지향하며《거대한 전환》을 출간하게 됩니다.

《거대한 전환》에서 라이언스는 세계 경제를 움직이는 네 가지 핵심 영역에 집중해야 한다고 주장합니다. 네 가지 핵심 영역이란 첫째는 경제와 금융economic and financial power이고, 둘째는 다른 국가를 포섭할 수 있는 소프트파워soft power, 셋째는 군사력을 토대로 타국을 강제할 수 있는 하드파워hard power, 마지막 영역은 글로벌 시스템과 정책political institutions and policy입니다. 이 네 가지는 서로 다른 속도로 변화하고 있기에 영역 간 복잡한 상호 작용이 생활 수준을 향상시키고 세계 여러 지역과 국가에 긍정적인 영향을 미친다고 저자는 말합니다.

이어서 라이언스는 세계 경제를 움직이는 핵심 동력 여섯 가지를 제시하는데, 바로 중국, 무역, 영감(신기술), 땀(인구와 노동력), 중산

층의 성장(소비), 도시화입니다. 이러한 여섯 가지 동력은 핵심 영역 네 가지를 중심으로 해석할 수 있으며, 그래야 다가오는 위험과 미래 금융의 역할까지 세계 경제를 균형 잡힌 시각으로 예측할 수 있다고 합니다.

제러드 라이언스는 핵심 동력을 통해 세계 경제의 균형을 회복하고 지속 가능한 성장을 이룰 수 있다고 말합니다. 핵심 동력의 구체적인 활용 예시는 다음과 같습니다. 중국은 내수 중심의 성장을 촉진하고, 미국은 소비에서 저축률을 높이는 방향으로 전환해야 합니다. 환율 정책에서는 각국 통화의 가치를 적정 수준에서 유지하도록 하며, 금융 시스템 안정화를 위해 유럽은 은행들의 재정 건전성을 강화하고 중앙은행의 역할을 확대해야 합니다. 기술 혁신을 통해 새로운 산업을 창출하고, 독일의 이중 교육 시스템처럼 교육과 직업 훈련을 결합해 숙련된 인력을 양성해야 합니다. 또한 덴마크의 풍력 에너지 사례처럼 재생 가능 에너지원으로의 전환을 추진해 탄소 배출을 줄여야 합니다. 이러한 전략을 통해 세계 경제의 재균형을 이루고 장기적인 성장을 도모할 수 있습니다.

마지막으로 라이언스는 미래에 대한 희망과 위로의 메시지를 전합니다. 미래에 발생할 사건을 예측하기 위해서 경제학은 다른 분야와 협력할 필요가 있으며, 그중에서도 국가에 인구 정책이 계획적으로 이루어져 인구 배당 효과를 누릴 수 있도록 하지 않는다면 인구 재앙이 일어날 수도 있다고 우려합니다. 그는 미래 경제에 접근하기 위해 두 가지 손이 필요하다고 말합니다. 바로 '보이는 손'과 '보이지 않는 손'입니다. 올바른 도덕과 기업 윤리의 '보이는 손'과 함께 시장의 '보이지 않는 손'을 제대로 활용하여 모든 국가가 미래의 불확실성과 다양한 어려움에서도 가능성을 가지고 자신감과 위로를 얻을 수 있도록 준비해야 한다는 것입니다.

미래 경제에 대해 대체로 비관적인 경제 예측이 많은 가운데, 제러드 라이언스는 긍정적인 시각을 견지하며 앞으로의 십 년간 세계 경제가 매우 흥미로운 성장기를 맞이할 것이라고 주장합니다. 라이언스는 만일 세계 경제가 성장한다면, 신흥국의 경제활동은 폭발적으로 증가할 것이고 미국 경제는 다시 한번 부흥기를 맞이할 것이라고 예측하기도 합니다. 미국의 혁신 역량과 중국 경제의 성장세를 기본으로, 신흥국이 성장 잠재력을 일정 부분 달성하고 유럽이 경제적 판단을 적절히 한다면 다시금 전 세계적인 경제 발전기가 도래할 것이라는 전망입니다.

《거대한 전환》은 금융의 중심지에서 쌓은 약 30여 년간의 경험을 바탕으로 현재 유럽과 아시아, 특히 중국 경제 전문가로 다양한 활동을 하고 있는 경제학자가 쓴 책입니다. 세계 경제사를 돌이켜 보고 현 상황을 진단하며 시스템적 관점에서 세계 경제를 진단하고 전망한 경제 고전입니다.

이 책을 통해 세계 경제의 미래는 어떻게 달라질 것인지, 이러한 변화가 어떠한 의미를 내포하고 있으며, 이때 정부는 어떠한 정책을 시행해야 하고, 기업은 어떠한 전략에 집중해야 하는지, 결국 이 모든 것이 개인의 삶에는 어떠한 영향을 미치게 되는지에 대해 깊은 성찰을 할 기회가 되길 바랍니다.

우리는 변화하는 불확실성의 세계에서 살고 있습니다. 그러나 변화를 두려워하기보다는 긍정적인 시각으로 받아들이고, 올바른 윤리관으로 국민, 기업, 정부 모두가 함께 나아가야 합니다. 미래의 경제 발전을 위해 협력할 수 있는 다양한 대안과 방향성에 대해 깊이 고민하고 생각해 보면 좋겠습니다.

도서 분야	경제	관련 과목	통합사회, 경제, 정치, 세계사, 국제 관계의 이해	관련 학과	사회학과, 경제학과, 정치외교학과

▶ **기본 개념 및 용어 살펴보기**

경제학의 기본 개념 및 용어	
개념 및 용어	**의미**
브렉시트	영국이 유럽 연합을 탈퇴한다는 의미로, 영국Britain과 탈퇴exit를 합쳐서 만든 합성어
인구 배당 효과	전체 인구에서 생산가능인구가 차지하는 비율이 높아져 부양률이 감소하고 경제 성장이 촉진되는 효과
시스템적 사고	단편적인 한 부분이 아닌 전체를 이해하고 그 유기성을 이해하여 사물이나 상황을 바라볼 수 있는 사고 방식으로 어떤 일의 발생과 처리, 그리고 결과를 함께 유기적으로 판단하고 이해할 수 있는 사고

▶ **시대적 배경 및 사회적 배경 살펴보기**

'거대한 전환'은 2008년 글로벌 금융위기 이후의 경제 상황을 다룬다. 미국에서 많은 금융기관이 부도난 뒤 여기에 투자했던 세계 각국의 많은 회사, 은행이 연쇄 부도를 맞게 되면서 사회에 미친 파장은 엄청난 것이었다. 우리나라도 그 영향으로 한동안 경기 침체가 계속되었다. 제러드 라이언스는 한 나라에서 일어나는 혼란이 세계에 이토록 큰 영향을 미치게 되는 것은 그만큼 독자적으로 존재할 수 있는 나라가 없다는 것이라고 말한다. '거대한 전환'은 2014년에 쓰였지만 이 책의 중반에 강조한 일부 내용들이 2016년부터 세계 논쟁의 핵심으로 부각되었다. 또한 저자가 지속적으로 세계 경제의 변화 추이를 지켜보며 유로존의 붕괴, 중국의 부상, 5차 산업 혁명 등을 예측하고 있기에 아직도 많은 이들이 이 책을 찾아 읽고 있다.

현재에 적용하기

이 책에서 이야기하는 세계 경제를 움직이는 네 가지 영역이 현재 우리나라 경제에는 구체적으로 어떻게 적용될 수 있을지 적용 가능한 주요 현상이나 사례를 찾아보자.

생기부 진로 활동 및 과세특 활용하기

▸ 책의 내용을 진로 활동과 연관 지은 경우(희망 진로: 경제 분석가)

평소 경제 현상을 예측하고 매일 경제신문 기사를 분석하며 미래 경제 변화 가능성에 대한 자신의 의견을 정리하는 것을 즐겨하는 학생으로, 경제 분야로의 진로를 희망함. 진로 선택 과제인 독서 심화 활동에 참여하여 '거대한 전환(제러드 라이언스)'을 읽고 세계 경제 변화의 역사와 그에 따른 영향과 원인을 분석하여 경제 발전 보고서를 작성함. 특히 제러드 라이언스가 제시한 네 가지 영역 중 '소프트 파워' 측면에서 우리나라가 나아가야 할 경제 발전 방향성에 대해 강조하며 브레인스토밍 글쓰기 활동을 통해 소프트 파워를 기를 수 있는 대안을 구체적으로 제시하는 등 창의적, 대안적 사고를 함양함. 라이언스가 세계 여러 나라의 경제 발전을 시스템적 사고로 접근하여 경제 성장을 예측하는 방법을 토대로 우리나라의 미래를 분석하는 경제 에세이를 작성하며 희망 진로인 경제 분석가로서의 역량을 연습함. '경제 주체의 종류 및 역할 탐구하기' 활동에서는 가계, 기업, 정부의 각 목표를 분석하고 이를 명확히 서술하여 우리가 나아가야 할 경제 방향성에 대해 주장하는 모습이 매우 인상적임.

▶ 책의 내용을 사회 교과와 연관 지은 경우

세계 경제와 사회의 변화에 대해 관심이 많은 학생으로 수업 중 실시한 '세계 경제 변화와 발전'이라는 발표 과정에서 동료의 이해를 돕기 위해 쉽게 설명하여 큰 호응을 얻음. '세계 경제의 미래와 그 의미'라는 제목으로 스토리보드 제작 활동을 함. 현재 우리나라의 경제 상황과 맞물려 어떠한 영향을 미치고 있는지를 분석한 보고서 작성 활동에서 관련된 개념과 이론을 정확히 이해하고 각종 자료에 대한 비판적 분석력 및 종합 능력을 보여줌. 심화 연계 활동 과제로 경제 고전인 제러드 라이언스의 '거대한 전환'을 읽고, 시스템적 사고를 통한 경제 분석을 확장된 사고력을 토대로 서평 글로 작성해 봄으로써 심층적인 연구 자세를 보임. 특히 경제 발전을 위한 정부의 정책, 기업의 전략 방향을 제시하고, 개인의 삶에 대한 전망까지 연결 지어 경제 과목의 통찰력을 함양하고 우리 사회에 시사하는 바에 초점을 둔 독창적이고 논리적인 분석 보고서를 발표하여 동료들로부터 긍정적이고 적극적인 반응을 이끌어냄. 세계 경제의 전환에 따라 우리나라가 주안점을 두어야 하는 부분을 모둠별로 브레인스토밍하고 고전 독서의 심화 선택 과제를 토의 융합 프로젝트로 마무리하는 모습이 인상적임.

▸ 제러드 라이언스의 주장을 현대에 이르는 우리나라 경제 발전 과정에 접목시켜 대입하고 분석하여 더 나은 미래를 위한 비전을 제시하는 경제 비전 에세이를 작성해 보자.

▸ 경제를 움직이는 네 가지 영역과 세계 경제의 여섯 가지 동력을 분석하여 동영상 스토리보드를 제작하고 책 소개 발표 과정에 참여해 보자.

▸ 현재 우리나라의 경제 상황을 진단하기 위해 경제사와 과거 경제 위기 사례를 찾아보고 자료를 분석하여 탐구 보고서를 작성해 보자.

▸ 책에서 라이언스가 말한 '보이는 손'과 '보이지 않는 손'을 활용하여 미래 경제를 대비하는 방안에 대해 모둠별로 토의해 보자.

▸ 세계 경제의 전환에 따라 우리나라가 주안점을 두어야 하는 부분을 모둠별로 브레인스토밍해 보자.

함께 읽으면 좋은 책

나심 니콜라스 탈레브 《블랙 스완》 동녘사이언스, 2018.

쑹훙빙 《화폐 전쟁》 알에이치코리아, 2020.

작은 것이 아름답다

E.F.슈마허 ▸ 문예출판사

1973년 출간된 《작은 것이 아름답다》는 영국의 경제학자 에른스트 슈마허가 쓴 경제 비평서로, 작은 규모의 경제와 지속 가능한 발전에 대한 그의 이념을 다루고 있는 책입니다. 그는 이 책에서 대규모 경제 체제와 소비주의에 대한 비판을 제기하며, 작은 규모의 경제 체제가 인간과 자연에 미치는 긍정적인 영향에 대해 연구하고 기록하고 있습니다.

저자 에른스트 슈마허Ernst Friedrich Schumacher, 1911~1977는 독일 출신의 경제학자로, 유럽과 아시아에서 다양한 경제 개발 프로젝트에 참여한 경험을 바탕으로 경제적, 사회적 문제에 대한 비전을 제시했습니다. 또한 이를 통해 사회적 공정성 및 작은 규모의 경제를 강조하는 이론과 실천을 발전시켰습니다. 결과적으로 그의 이론과 활동은 지속 가능한 발전과 인간 중심의 경제 체제를 추구하는 데 큰 영향을 미칩니다.

에른스트 슈마허의《작은 것이 아름답다》가 나온 20세기 중반은 대규모 산업화와 소비 문화 확산으로 인한 자연환경의 파괴와 사회적 문제가 증가하고 있었습니다. 이와 더불어 에너지 고갈, 자원 소모, 환경 오염 등의 문제가 부각되면서, 지속 가능한 발전과 환경 보전에 대한 관심이 높아지고 있었습니다. 이러한 배경에서《작은 것이 아름답다》가 출간됩니다.

《작은 것이 아름답다》는 총 4개의 챕터로 나누어져 있는데, 현 경제 정책이 지향하는 바가 어떤 문제들을 내포하고 있는지를 진단하고 새로운 대안을 제시하는 방식으로 논제를 풀어나갑니다.

먼저 슈마허는 대규모 생산과 소비의 문제를 탐구하며, 자원의 무분별한 소모와 이로 인한 환경 파괴에 대한 우려를 표합니다. 이와 함께 지속 가능성과 평화의 중요성에 대해 다루는데, 특히 자원을 지속 가능하게 활용해야 지속 가능한 경제 및 사회의 구축이 가능하다고 주장하며 자원의 지속 가능 활용을 강조합니다.

여기서 슈마허는 경제학의 역할에 대해서도 새로운 관점을 제시합니다. 근본적인 가치와 윤리적인 문제에 대한 고려 없이는 경제학이 인류에 효과적으로 기여할 수 없다는 것입니다.

이어서 불교 경제학에 대한 고찰을 통해 소비와 욕망의 문제를 설명합니다. 슈마허의 불교 경제학은 경제 활동이 인간의 전반적인 행복과 정신적 만족을 추구해야 한다는 철학적 접근을 강조합니다. 물질적 풍요의 한계를 인식하고, 적절한 기술 사용, 노동의 가치 존중, 절제와 검소함, 공동체 의식, 환경 보호 등을 통해 지속 가능하고 조화로운 삶을 추구합니다. 이는 현대 경제 시스템에 대안적 시각을 제시하며, 보다 인간적이고 지속 가능한 경제 모델을 제안합니다.

슈마허는 기술과 경제의 상호 관계에 대한 고찰을 통해 현대 기술의 활용과 그에 따른 도전에 관해서도 이야기합니다. 기술이 인간의 삶에 긍정적인 영향을 미치기 위해서는 그 기술이 지역 사회의 필요와 역량에 맞추어져야 한다며, 이는 경제 활동과 기술 활용이 단순히 효율성과 생산성을 추구하는 것을 넘어 인간의 행복과 환경의 지속 가능성을 함께 고려해야 한다는 메시지를 전합니다.

그는 또한 현대 에너지 정책과 환경 문제에 대해서도 비판적 관점을 제시합니다. 핵 에너지의 사용에 대해 위험성을 강조하며 지속 가능한 에너지 정책과 환경 보호의 중요성을 강조합니다.

이어 정부가 환경 보호와 지속 가능한 개발을 촉진하고, 지역 사회에 적합한 적절한 기술을 도입하며 지역 경제를 활성화해야 한다고 주장합니다. 또한 정부는 사회적 공정성을 증진하고 불평등을 해소하는 정책을 마련해야 하며, 주민들의 정치적 참여를 촉진하고 지방 자치의 권한을 강화하는 등 참여형 민주주의를 강화해야 한다고 강조합니다.

이렇듯 슈마허는 자본주의와 과학 기술이 가져오는 '거대한' 사회 구조의 문제점을 분석합니다. 그는 이런 거대한 시스템이 생태계를 파괴하고, 사람들이 지역 사회와 연결되는 것을 잃게 만든다고 지적합니다. 대규모 산업화와 무리한 경제 성장 추구가 지구 자원을 고갈시키고 빈곤을 증가시키는 원인이라는 것입니다.

슈마허는 '인간 규모의 경제'라는 개념을 도입해 작은 것이 아름답고 효율적일 수 있다고 설명합니다. 작은 규모의 사업, 지역 경제, 그리고 소규모 농업이 종종 더 지속 가능하고 효율적이라고 말하며 이러한 작은 규모의 경제 구조는 사람들이 서로를 더 잘 이해하고, 경제 활동이 사회와 환경에 미치는 영향을 더 잘 파악할 수 있게 해준다고 설명합니다.

슈마허는 신성하고 중요한 것들, 예를 들어 자연이나 인간의 존엄성과 같은 것들이 종종 경제학에서 무시되는데, 이러한 중요한 가치들을 재정의하고 경제학 내에 포함시켜야 한다고도 말합니다. 이와 함께 슈마허는 지속 가능성, 공동체, 그리고 인간성을 중심으로 한 새로운 경제 이론과 모델을 제시합니다. 이 모델은 오늘날 급변하는 환경과 지구촌의 심각한 문제에 대한 해법을 제공합니다.

《작은 것이 아름답다》는 사람들이 살아가는 방식과 그 방식이 지구에 미치는 영향에 대해 다시 생각하게 만드는 책입니다. 지속 가능한 미래를 향해 우리 사회가 어떻게 대응하고 전환해야 하는지에 대한 통찰력을 얻을 수 있는 경제 고전입니다.

이 책을 통해 환경주의와 지속 가능한 개발이라는 주제에 관심을 가져보고 인간 중심의 경제에 대해 깊이 성찰해 보기를 바랍니다. 슈마허의 생각은 오늘날의 사회, 경제 문제와도 매우 깊게 연관되어 있기에 우리에게 많은 것을 일깨워 줄 것입니다. 이 책을 통해 여러분도 고전의 힘을 경험해 보면 좋겠습니다.

도서 분야	경제	관련 과목	통합사회, 경제, 정치, 사회와 문화, 기후변화와 지속가능한 세계	관련 학과	사회학과, 경제학과, 정치외교학과

▶ 기본 개념 및 용어 살펴보기

경제학의 기본 개념 및 용어

개념 및 용어	의미
중간 기술	값이 싸고 소규모 이용에 적합한 민주적 기술, 즉 누구나 접근할 수 있으며 자원을 낭비하지 않도록 사용되는 기술
불교 경제학	물자의 소비량을 행복의 지표로 삼는 현대 경제학과 달리, 최소 소비로 최대 행복을 얻는 것을 목표로 하는 경제학
메타 경제학	기존 경제학에 대한 비판적 관점에서 등장한 개념으로, 수치에 의해서만 정당화되는 경제학이 아닌 인간을 위하고 인간과 자연의 조화를 중시하는 경제학

▶ 시대적 배경 및 사회적 배경 살펴보기

슈마허가 '작은 것이 아름답다'에서 주장하는 주요 사상의 배경은 제2차 세계대전 이후 대량 생산에 의한 대량 소비사회로의 돌입에서 시작한다. 대량 생산 체제를 유지하기 위한 자원 투하량의 증가, 생산성 향상을 위한 투자의 대규모화와 거대 조직화 등으로 인한 부국과 빈국의 소득 격차 및 자원 흐름의 격차, 산업기술 및 자원의 독점 현상, 자연 고갈과 자연이 수용하는 한계를 넘어서는 인간 욕망의 무한한 확장 등에 대한 우려가 그의 사상 기저에 깔려있다. 이러한 이유로 슈마허는 부유한 나라의 거대 기술보다 값이 싸고 누구나 이용 가능한 인간 중심의 기술을 주장한다. 또한 이를 통해 대량의

에너지를 소모하는 대량 생산이 아닌 소규모의 경제 및 생산을 주장한다. '작은 것이 아름답다'는 이러한 시대적 배경과 사회적 배경 속에서, 대규모 경제와 기술 중심의 발전에 대한 비판적인 시각을 제시하며, 작은 규모의 경제와 지역 사회, 환경 보전의 중요성을 강조하여 현대 사회에 대한 새로운 시각을 제시한다.

현재에 적용하기

우리의 삶에서 '비경제적인 것'과 '경제적인 것'의 차이를 살펴보고 비경제적인 현상의 구체적인 사례를 찾아 그 가치를 매길 수 있는지 고민해 보자.

▸ **책의 내용을 진로 활동과 연관 지은 경우**(희망 진로: 경제 정책 전문가)

고전을 읽으며 수업 시간에 배움을 확장하고 진로를 구체화하는 활동에 참여함. 그중 '작은 것이 아름답다(에른스트 슈마허)'를 읽고 숫자만 보는 경제학이 아닌 숫자 너머에 있는 의미를 보려 하고, 쓸모없는 것이라 여겨지는 비경제적인 것들의 가치까지 생각하는 슈마허의 사상이 인상 깊었음을 소감문에 작성하며 진로 희망 분야인 경제 정책 전문가로서의 역량에 대해 깊이 성찰함. 특히 책의 중심 내용을 스토리보드로 만들어 동영상을 제작하여 경제학뿐만 아니라 우리의 경제와 사회가 나아가야 하는 방향성을 제시하여 친구들의 높은 이해와 호응을 이끌어냄. 경제 고전의 매력에 푹 빠져 '경제 고전 읽기' 동아리를 자율적으로 모집하는 등 행동하는 리더십을 발휘하며 교과 심화 활동을 연계하여 학교생활에 경제 탐구영역을 확장해 나가는 모습이 돋보임. 나아가 물질만능주의를 벗어나기 위한 실천 방안으로 최소의 소비 계획을 세우고 실천하자는 의지를 다지는 등 동아리 부원들과 함께 책의 이론 측면만이 아니라 실천적 측면에서 작은 것을 지키는 경제 가치관 형성을 도모하는 데 앞장섬.

▶ 책의 내용을 사회 교과와 연관 지은 경우

평소 차분한 태도로 다양한 영역에서의 배움과 실천 학습을 즐기며 미래 사회에 대비하는 자세에 관심이 많은 학생으로, 독서와 함께하는 교과서 심화 활동 시간에 '작은 것이 아름답다'를 읽고 경제 고전으로부터 교과서 깊게 파악하기 활동에 매우 적극적으로 참여함. 책의 내용 중 근현대 세계의 난제를 해결하는 데 있어서 지혜와 용기, 정의, 절제 등의 덕목에 대해 깊이 성찰하는 기회를 갖고, 지속 가능한 경제 개발을 위한 대안에 대해 자신만의 생각을 활동 소감문에 기록함. 또한 경제 고전을 통해 만난 환경과 경제, 국제 정치까지 통합적으로 통찰하는 시각의 확장을 경험하며 교과 융합의 역량을 함양함. 슈마허의 핵심 사상을 토대로 현재의 로컬, 협동조합 등의 개념을 도입한 경제 발전 방안에 대한 의견을 제시하며 앞으로의 지속 가능한 경제 발전과 더불어 미래 사회의 방향성에 대해 진지하게 고민하고 미래 사회학도로서의 자질과 역량을 확장함. 특히 청소년이 실제 실천할 수 있는 내용을 중심으로, '작은 것이 아름답다' 의 핵심 사상이 담긴 실천 사례를 소개하여 친구들의 큰 호응을 받음.

▸ 슈마허가 왜 불교라는 동양의 종교와 서양의 경제학 사이의 접점을 찾으려 했는지 생각해 보고, 이에 대해 경제 에세이를 써보자.

▸ 슈마허가 이야기한 불교 경제학을 참고하여, 자연이나 인간의 존엄성을 경제적 가치와 접목시킬 수 있는 방법에 대해 고찰해 보고 에세이를 써보자.

▸ 현대 사회에서 가치를 논할 수 있는 비경제적인 것들에는 어떠한 것이 있으며 그것들의 가치는 어떻게 매길 수 있는지 고민해 보자. 또한 이러한 것들이 과연 슈마허가 말하는 '아름답다'의 기준에 부합하는지에 대해 모둠별 토의해 보자.

▸ 과한 소비를 조장하는 물질만능주의 시대에 최소의 소비로 최대의 행복을 추구할 수 있는 지혜에 대해 직접 모둠원들과 소비 계획을 세워 실천한 후 행동 보고서를 작성해 보자.

▸ 이 책에서 이야기하는 개념과 이론이 현재 경제 발전에 어떤 도움이 되었는지 구체적으로 알아보고 모둠원들과 토론해 보자. 그렇지 않다면 그 이유에 대해서도 토론해 보자.

함께 읽으면 좋은 책

E.F. 슈마허 《굿 워크》 느린걸음, 2011.

E.F. 슈마허 《내가 믿는 세상》 문예출판사, 2003.

E.F. 슈마허 《자발적 가난》 그물코, 2010.

케이트 레이워스 《도넛 경제학》 학고재, 2018.

캘빈 S. 홀 《프로이트 심리학》 문예출판사, 2000.

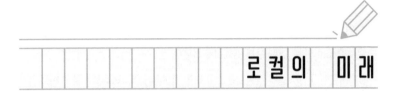

로컬의 미래

헬레나 노르베리 호지 ▸ 남해의봄날

《로컬의 미래》는 글로벌화와 지역화의 문제를 다루며 현대 사회에서 점점 더 중요해지고 있는 로컬 커뮤니티와 지역 경제의 가치에 대해 이야기하는 책입니다. 헬레나 노르베리 호지는 글로벌 경제 시스템의 확대로 인해 지역 사회는 소외되고 지속 가능성과 사회적 유대감이 희석되는 경향에 우려를 표하며, 지역화와 지역 자원 활용의 중요성을 강조합니다.

저자 헬레나 노르베리 호지Helena Norberg-Hodge, 1956~는 스웨덴에서 태어났으며, 사회학자이자 작가, 활동가입니다. 그녀는 주로 지속 가능한 개발과 지역 사회의 중요성, 문화의 상호 의존성에 관해 연구하고, 이를 바탕으로 실천적인 해결책을 제시하는 분야에서 활동하고 있습니다. 특히 지역 사회와 지역 경제의 중요성을 강조하며, 글로벌 경제의 부작용과 문화적인 동질화의 위험성을 지적합니다. 헬레나 호지는 지역 사회의 발전과 문화적 다양성의 보존이 지속 가능한 개발의 핵심이라고 주장하고 있습니다. 또한 그녀는 국제 민간기구인 '에콜로지 및 문화를 위한 국제 협회ISEC, International Society for Ecology and Culture'의 설립자이기도 합니다. 이 단체는 생태 친화적이고 공동체에 기반한 지역 사회의 보전을 촉진하기 위해 활동하고 있습니다.

《로컬의 미래》는 지역 사회의 중요성과 지역 경제의 강화를 통한 지속 가능한 발전을 강조하는 내용을 담고 있습니다. 글로벌화에 대한 비판과 함께 지역화의 필요성을 제기합니다. 특히 다양한 실제 사례와 인터뷰를 통해 로컬 커뮤니티와 지역 경제가 지닌 이점을 설명하고, 지역화를 통해 지속 가능한 미래를 모색할 수 있는 구체적인 방법을 제시합니다.

또한 헬레나 노르베리 호지는 이 책에서 환경과 인간이 공존하는 세상, 지속 가능한 사회는 어떻게 이루어질 수 있을지에 관해 집중적으로 서술합니다. 40여 년간 계속되어 온 소비 중심의 글로벌 경제가 어떻게 생태계를 파괴하고 인류의 문화 다양성을 해치며 인간 개개인의 행복을 깨뜨려 왔는지 분석하고 비판합니다. 그리고 그에 대한 대안으로 '지역화'를 제안하며, 이를 '행복의 경제학'이라 명명합니다.

노르베리 호지는 이에 대한 사례들을 정리하고 압축하여 문제와 원인을 명확히 합니다. 여기서 한 걸음 더 나아가 대안으로 삼을 만한 희망찬 사례와 방법까지 보여줍니다. 또한 많은 대중과 언론들이 질문했던 지역화에 대한 해법도 제시합니다.

현대 사회는 언제 어디서나 전 세계적으로 소통할 수 있고, 정치, 사회, 문화 등 다양한 분야에서 국가 간 경계를 쉽게 넘나들 수 있는 세계화 시대입니다. '세계화'는 1990년대 초 북미자유무역협정 NAFTA과 세계무역기구WTO 출범과 같은 자유 무역 기구와 조약에 힘입어 본격적으로 확대되었습니다. 대한민국도 1996년 OECD(경제협력개발기구)에 가입하면서 세계화의 대열에 본격적으로 합류하였습니다. 세계화로 인해 국가와 국가 간 경계가 허물어졌고, 특히 경제를 중심으로 세계가 상호 의존적으로 변화되었습니다. 이는 국제 사회의 개방화를 가져왔고 이 시기를 기점으로 국제 무역과 국제 투자가 급증하였으며, 노동 인구의 이동과 이주민이 증가하며 다문화 현상이 대두되었습니다.

이것은 전 세계 기업들의 경쟁으로 이어졌습니다. 거대 기업 간의 인수합병으로 자본이 대기업으로 몰리고, 자본이 국경을 자유롭게 이동하면서 거대 금융 자본이 형성되는 결과를 낳았습니다. 이런 모습에 대부분 사람들은 세계화로 인해 사회가 발전되었다고 생각합니다. 그러나 헬레나 노르베리 호지는 세계화에 대해 500년 전 시작된 정복과 식민주의에 새로운 탈을 씌우고 계속 이어가는 착취에 불과하다고 말합니다. 또한 세계화는 전 세계로 더 깊이 침투하며 단일 경제와 획일화된 문화를 만들고, 이는 인간과 인간, 인간과 자연의 사이를 갈라놓는다고 주장합니다.

세계화가 초래하는 이러한 문제에 대한 대안으로 헬레나 호지는 '지역화'를 주장합니다. 그가 말하는 '지역화localization'의 뜻은 다음과 같습니다. 거대 초국적 기업과 은행에 유리한 재정과 여타 지원을 끊고, 지역에 필요한 재화를 지역 내에서 생산하고 수출 시장 의존도를 낮추는 것입니다.

이때 '지역화'는 흔히들 오해하는 고립주의, 보호주의, 무역 폐지를 뜻하는 것이 아닙니다. 헬레나 호지는 '지역화'란 경제를 분권화하여 지역 사회와 지방, 국가의 자치를 더 튼튼하게 만드는 것이라고 말합니다. 그래서 그녀는 지역화를 '경제를 지역으로 가져오기bring the economy home'라고 일컫습니다.

헬레나 호지는 이와 함께 환경에 대해서도 중요하게 이야기합니다. 환경 문제는 날이 갈수록 심각해지고 있습니다. 그나마 최근 들어서 사람들의 인식이 조금씩 변화하고 있습니다. 제로 웨이스트zero-waste, 에코프렌들리eco-friendly 등 환경에 대한 용어들이 친숙하게 등장하는 것을 보아도 알 수 있습니다. UN은 2016년부터 '지속가능발전목표^{SDGs : Sustainable Development Goals}'를 채택하여 추진하고 있습니다. 전 세계의 빈곤을 종식시키고 지구를 보호하는 지속 가능한 발전 이념을 실현하기 위해 공동 목표를 세우고 2030년까지 달성하기로 한 것입니다. 그러나 현실은 이와 사뭇 다릅니다.

대부분 사람들이 심각성을 인지하고 있지만, 근본적으로 우리가 환경에 주는 피해를 최소화하기 위해 어떻게 해야 하는지에 대해 깊이 고민하거나 실천하지 않습니다. 헬레나 호지는 근본적인 해결 방안을 찾지 않고 기존의 방식을 그대로 덮어둔 채 겉핥기식 방법만 행하고 있는 상황을 비판합니다.

그녀는 끊임없이 팽창하는 세계화 속에서 경제 시스템은 소비를 추구하고 자원을 점점 더 많이 소비하게끔 만든다고 말합니다. 특히 지나친 무역은 저렴한 가격으로 소비자들의 관심을 끌며 소비를 더 촉진시킨다고 경고합니다. 단편적으로 볼 때 무역품이 저렴해 보일지라도 미래의 환경을 회복하기 위한 부가적인 금액을 고려하면 전혀 저렴하지 않다는 것입니다. 헬레나 호지는 세계화로 인해 발생한 생태계의 위기를 해결하기 위해 반드시 지역화로 방향을 전환해야 한다고 강조합니다.

결론적으로 《로컬의 미래》는 현대 사회의 글로벌화와 지역화의 이슈에 대해 생각해 볼 수 있는 좋은 기회를 제공합니다. 지역 경제와 지역 커뮤니티의 중요성을 강조하며, 독자들에게 지역화를 통한 변화의 중요성을 인식시킵니다. 여러분도 지역화와 지역 경제의 가치를 이해하고 실천하며, 지역 커뮤니티의 발전과 번영을 위한 노력에 동기 부여가 되길 바랍니다. 앞으로의 사회 및 경제 발전 방향성에 대해 성찰하고 자신만의 대안을 제시해 보면 좋겠습니다.

도서 분야	경제	관련 과목	통합사회, 경제, 세계시민과 지리, 기후변화와 지속가능한 세계	관련 학과	사회학과, 경제학과, 환경학과

▸ 기본 개념 및 용어 살펴보기

경제학의 기본 개념 및 용어

개념 및 용어	의미
북미자유무역협정	북미자유무역협정NAFTA, North American Free Trade Agreement은 미국, 캐나다, 멕시코 간에 체결된 자유무역 협정으로, 1994년부터 발효됨. 미국, 캐나다, 멕시코 간의 경제적 관계를 강화하고 무역 장벽을 낮추는 목적으로 체결
세계무역기구	세계무역기구WTO는 국제 무역을 촉진하고 규제하는 국제 기구로, 1995년에 설립됨. WTO는 회원국 간의 무역 협정을 감독하고 무역 분쟁을 해결하며, 무역 장벽을 줄여 글로벌 경제 성장을 도모하는 역할을 함.
제로 웨이스트	제로 웨이스트Zero Waste는 환경 보호를 목적으로 폐기물을 최소화하고 재활용을 극대화하여 일상생활에서 생성되는 쓰레기를 줄이는 노력과 움직임을 의미함.
에코프렌들리	에코프렌들리Eco-friendly는 환경 친화적이며 지구 환경을 보호하고 지속 가능한 발전을 촉진하는 속성이나 특성을 의미하며 자연환경에 해를 끼치지 않는 제품, 서비스, 생활 방식 등을 말함.

▸ 시대적 배경 및 사회적 배경 살펴보기

'로컬의 미래'는 글로벌화와 기술 발전으로 인해 지구 환경이 빠르게 변화하는 가운데 쓰였다. 특히 21세기 초에는 글로벌 경제의 확대, 기술 혁신, 자원 소비 증가와 같은 다양한 변화가 있었다. 이러한 시대적 배경에서 '로컬의 미래'는 글로벌화의 부작용과 지역 사회의 중요성을 강조하여 지속 가능한 미래에 대한 대안을 제시한다.

저자에 따르면 글로벌 경제의 확대로 인해 지역 사회는 전통과 문화의 손실, 자원의 과도한 소비, 사회적 불평등 등 다양한 문제에 직면해 있다. 이러한 문제 인식과 함께 '로컬의 미래'는 지역 사회의 역할과 중요성을 강조하며, 지속 가능한 경제와 사회를 구축하기 위한 개별 또는 지역 사회 차원의 해결책을 강조한다. 헬레나 노르베리 호지의 아이디어와 통찰은 현대 사회의 지속 가능한 변화를 위한 중요한 영감과 지침을 제공하고 있으며, 그녀의 글로벌 경제 비판과 지역 사회 지원에 대한 업적은 많은 이들의 호응을 받고 있다.

현재에 적용하기

이 책에서 설명하는 지역화 개념이 적용된 정책과 구체적인 사례를 찾아보고, 현실 상황에 맞게 실현시킬 방법에 대해 고민해 보자.

생기부 진로 활동 및 과세특 활용하기

▶ **책의 내용을 진로 활동과 연관 지은 경우**(희망 진로: 경제 환경 구성 전문가)

평소 독서로 자신의 진로 로드맵을 디자인하고 역량을 함양하기 위해 노력하는 학생으로 '로컬의 미래(헬레나 노르베리 호지)'를 읽고 경제 발전의 양면성에 대해 자신의 견해를 논리적으로 펼쳐 경제 에세이를 작성함. 자신의 진로 방향인 경제 환경 구성 전문가로서의 전문성과 다양한 시각을 확보하기 위해 경제 고전 독서를 통해 경제의 영향에 다각도로 접근하는 융합 역량을 함양함. 특히 헬레나 호지의 주장에 깊이 공감하며 경제적 발전으로 인한 피해는 어느 정도 감수해야 한다고 생각하는 당위적 관점이 결국 개발로 인한 부정적 영향을 안일하게 생각하게 만들고 환경 파괴를 앞당긴다고 주장함. 이러한 내용을 과거 국제적 사례를 바탕으로 카드뉴스 형태의 시각화 자료로 제작하여 친구들 앞에서 발표함. 우리는 환경 속에서 살아가는 존재이며, 유한한 지구는 더 많은 소비를 부추기는 경제 체제를 유지할 용량이 부족하다며, '지속 가능'에 대한 정확한 이해와 구체적인 방법이 반드시 필요함을 강조함. 발표 과정에서 경제 환경 구성 전문가로서의 윤리와 자질을 함양함.

▸ 책의 내용을 사회 교과와 연관 지은 경우

사회 경제학 분야의 기초 개념을 정립하기 위해 경제 고전 속에서 지혜를 찾아 발표함. 그중 '로컬의 미래(헬레나 노르베리 호지)'를 읽고 세계화와 지역화에 대해 분석적으로 정리하여 발표 자료를 완성도 높게 작성하여 제출함. 특히 현재 환경은 인간의 지나친 욕심으로 무차별하게 희생당하고 있으며 이 문제는 시간이 갈수록 심각해지고 있다며 이를 경고하는 메시지를 다양한 국제적, 역사적 자료를 활용하여 만들고 제시하여 동료들의 큰 관심과 호응을 받음. 개개인의 작은 인식 변화와 실천이 모이면 하나의 집단이 되고, 집단이 모이면 한 국가를 넘어 세계를 변화시킬 수 있게 된다고 주장하며 최근 들어 세계적인 기업들도 어떤 것을 선택함에 있어 환경과 지역, 개개인 시민에게 끼치는 영향을 고려하는 시도를 하고 있고, 이는 긍정적인 신호라고 의견을 제시함. 더불어 지역화는 그동안 잘못된 방향으로 가고 있었음을 인지하고 올바른 방향으로 나아가겠다고 결심하는 것에서 출발하며, 그것이 바로 우리가 행할 수 있는 지역화라고 단호하게 자신만의 철학을 담아 경제 고전 서평을 완성함.

후속 활동으로 나아가기

▸ 환경과 경제의 상관관계를 분석하여, 더 많은 이들이 환경에 대해 올바른 가치관을 가지고 작은 것부터 실천해 나갈 수 있도록 희망적인 메시지를 담아 경제 비전 에세이를 작성해 보자.

▸ 헬레나 호지가 주장하는 미래 정책 이외에 경제 발전과 환경 보존이 상생할 수 있는 다른 해결책을 고민해 보고, 이를 포함하여 경제 정책 탐구 보고서를 작성해 보자.

▸ '발전하는 기술력과 공정 무역은 지속 가능한 미래 사회의 대안 정책이 될 수 있는 가, 그리고 그 득과 실은 무엇인가'를 토론 논제로 하여, 교과 연계 심화 활동을 진행해 보자.

▸ '세계화가 빈곤을 해결할 수 있을까?', '국제 협력 시대에 지역화는 또 다른 고립주의가 되지 않을까?'라는 질문에 대해 자신의 의견을 제시하고 세계화와 지역화에 대한 심층 토론을 해 보자.

▸ 이 책에서 이야기하는 '지역화' 개념이 현재 경제 발전에 어떤 도움이 되었는지를 구체적으로 알아보고, 그렇지 않다면 그 이유에 대해 토론해 보자.

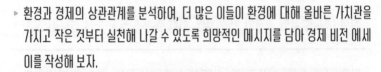

함께 읽으면 좋은 책

헬레나 노르베리 호지 **《오래된 미래》** 중앙북스, 2015.
헬레나 노르베리 호지 **《행복의 경제학》** 중앙북스, 2012.
E.F.슈마허 **《작은 것이 아름답다》** 문예출판사, 2022.

넛지

리처드 H. 탈러, 캐스 R. 선스타인 · 리더스북

《넛지》는 행동경제학과 인지심리학 이론을 바탕으로 우리가 어떻게 의사 결정을 내리고 행동하는지에 대해 알려주며 개인적 차원, 사회적 차원의 의사 결정 개선 방법을 안내합니다. '넛지'라는 개념은 사람들이 더 나은 결정을 할 수 있도록 기본적인 선택 구조를 변경하는 것을 의미합니다. 이 책은 넛지를 통해 사람들이 더 건강하고 행복한 선택을 할 수 있도록 돕는 것이 중요하다고 강조하며 이러한 원리를 쉽게 이해하고 활용할 수 있도록 돕습니다.

저자 리처드 H. 탈러Richard H. Thaler, 1945~는 현대 행동경제학의 선구자로 알려진 유명한 경제학자입니다. 탈러는 경제학 분야에서의 혁신적인 연구와 이론 개발로 인정받았으며, 특히 인간의 심리와 행동에 영향을 미치는 요인들을 경제학적인 관점에서 탐구하는 행동 경제학의 개념을 선도하여 주목받았습니다. 그의 주요 업적 중 하나는 '넛지Nudge'라는 개념을 도입한 것입니다. 넛지는 선택의 구조를 조금만 바꾸어 사람들이 더 현명하고 유익한 선택을 할 수 있도록 유도하는 방법입니다. 탈러는 이러한 연구와 이론으로 2017년 노벨 경제학상을 수상하였습니다.

공동 저자 캐스 R. 선스타인Cass R. Sunstein, 1954~은 미국의 유명한 법학자, 정치학자이자 작가입니다. 선스타인은 사회학, 정치학, 법학, 행동경제학 등 다양한 분야의 연구를 통해 개인의 선택과 사회적 변화에 영향을 미치는 요인들을 탐구합니다. 특히 '넛지' 이론을 사회 정책과 법률에 적용하는 방법을 연구하여 보여줍니다. 그는 사회적 목표를 달성하기 위해 개인의 선택을 유도하고, 사회적 문제를 해결하기 위한 정책을 설계하는 데 크게 기여했다는 평가를 받습니다.

《넛지》는 총 5부로 이루어져 있습니다. 경제학의 기존 이론적 가정과 인간의 실제 의사 결정 형태를 비교하며 사람들이 합리적이지 않은 선택을 하는 이유를 설명합니다. 행동경제학의 주요 개념 중 '한정된 합리성', '프레이밍', '기준점 편향' 등을 소개하고, 이런 인식 편향이 의사 결정에 어떻게 영향을 미치는지 논의합니다.

이와 함께 '리버테리언 패터널리즘Libertarian Paternalism'이라는 접근 방식을 제안합니다. '자유주의적 개입주의'로 해석할 수 있는 이 방식은 사람들의 자유를 최대한 존중하면서도 선택 아키텍처를 조정해 사람들이 더 나은 선택을 할 수 있도록 돕는 것입니다. 즉 '넛지'는 사람들이 어떤 선택을 할지에 영향을 주는 '아키텍처' 설계의 중요성을 강조하고 있습니다. 책에서 다루는 중요한 두 가지 개념인 '넛지'와 '선택 아키텍처'를 좀 더 구체적으로 설명하면 다음과 같습니다.

넛지란 사회적 조력nudging의 개념을 기반으로 합니다. 사람들이 무언가 선택할 때, 그들의 행동에 영향을 주는 방법을 사용하여 개인이 원하는 결과를 얻을 수 있도록 하는 것을 목표로 합니다. 넛지는 '선택 아키텍처choice architecture'를 활용하여 구체화됩니다. 선택 아키텍처란 개인들이 어떤 선택을 할 때 갖춰진 환경이 어떤 영향을 미치는지를 이해하고, 이를 조정하여 개인의 선택을 유도하거나 개선하는 방법을 제공합니다.

예를 들어, 음식점에서 건강한 식사를 유도하기 위해 칼로리 표시를 명시하거나, 건강한 선택을 장려하기 위해 과일과 채소를 눈에 띄게 배치하는 것은 넛지의 전략적 개입입니다. 이러한 개입은 건강을 개선하기 위해 개인이 더 건강한 선택을 할 수 있도록 돕는 역할을 합니다. 이렇듯 '넛지'는 사람들이 좀 더 현명한 선택을 할 수 있도록 돕는 유용한 도구입니다.

또한 이 책은 사회적 규범과 비교를 통해 사람들의 행동을 변화시키는 방법에 대해서도 다루고 있습니다. 식습관 개선, 금융 계획, 절약, 환경 보호 등 다양한 분야에서 넛지를 적용하여 사람들의 행동을 긍정적으로 변화시키는 방법을 소개합니다.

개인의 선택뿐만 아니라 사회적 차원의 선택에 넛지를 적용하는 방법도 이야기합니다. 책에서는 기업, 정부, 교육 기관 등 다양한 조직에서 넛지를 활용하여 의사 결정의 질을 개선하는 방법을 제안합니다. 예를 들어 기업에서는 직원들의 생산성을 높이거나 정부에서는 국민의 건강과 안전을 증진하는 정책을 구현할 때 넛지를 활용할 수 있습니다. 또한 교육 기관에서 학생들의 학습 동기를 높이고, 학업 성취도를 개선하는 방법으로도 넛지를 적용할 수 있습니다.

마지막으로 저자들은 넛지의 윤리적 측면과 그것의 한계점도 논의합니다. 넛지가 강제력이 없고 선택의 자유를 보장하기 때문에 개인의 자율성과 책임을 존중한다는 점을 이야기하며 동시에, 넛지를 부당하게 활용하여 사람들을 조종하거나 부적절한 목적으로 사용하는 위험성도 인식하여 넛지를 적용할 때 신중해야 한다는 점도 강조합니다.

결론적으로 《넛지》는 어떻게 사람들을 섬세하게 유도하고 긍정적으로 향하게끔 할 수 있는가에 대한 새로운 시각을 제시하여 정부 정책과 기업 전략, 개인의 선택에 대한 관점을 혁신적으로 바꿉니다. '넛지'의 접근법을 통해 사람들의 선택과 행동을 바꿈으로써 개인의 건강 증진, 환경 보호, 금융 결정 등 다양한 영역에서 긍정적인 변화를 이끌어 낼 수 있다는 것이 이 책의 핵심 주장입니다.

이 책을 통해 넛지의 개념과 적용 방법을 배울 뿐만 아니라, 의사 결정 과정에서 자주 발생하는 인지 편향을 깨닫고 극복하는 데 도움을 받을 수 있습니다. 의사 결정 과정을 이해하고 개인과 사회에 이로운 방향으로 행동을 유도하는 방법에 대한 통찰을 얻을 수 있기에 정부, 기업, 단체 등 다양한 조직에서 의사 결정 개선을 도모하는 실용적인 가이드로 삼아 사람들의 삶의 질을 높이는 데 기여할 수 있습니다. 이 책을 읽고 넛지의 다양하고 폭넓은 활용법에 대해 성찰하고 자신만의 방법을 제시해 보면 좋겠습니다.

도서 분야	경제	관련 과목	통합사회, 경제, 사회문제 탐구	관련 학과	사회학과, 경제학과, 심리학과

▶ 기본 개념 및 용어 살펴보기

경제학의 기본 개념 및 용어

개념 및 용어	의미
프레이밍	사람들은 선택의 방식과 문제의 표현 방식에 따라 의사 결정에 영향을 받는데, 이때 선택의 맥락과 문맥을 조작하여 개인들이 특정한 방향으로 선택하도록 유도하는 기법을 프레이밍framing이라고 함.
기준점 편향	개인들이 초기에 받은 정보나 경험을 기준으로 판단하고, 이 기준점에 상대적으로 가까워지는 경향을 말함. 기준점 편향은 개인들이 의사 결정을 할 때 중요한 역할을 하며, 넛지 이론은 이를 활용하여 개인들이 원하는 방향으로 선택할 수 있도록 유도하는 전략을 제안함.
리버테리언 패터널리즘 Libertarian Paternalism	개인의 자유와 자기 결정을 존중하면서도 개인들이 더 나은 선택을 할 수 있도록 유도하는 접근법으로 개인의 선택 구조를 조정하여 자동적으로 더 나은 선택을 할 수 있도록 하는 방식으로 작동함. 개인의 자유를 최대한 존중하면서도 개인들이 자신의 이익을 고려하여 더 나은 선택을 할 수 있도록 돕는 것을 목표로 함.

▶ 시대적 배경 및 사회적 배경 살펴보기

'넛지'의 시대적 배경에는 경제학에서 전통적으로 가정했던 이성적인 경제 주체 모델에 대한 도전이 있었다. 전통 경제학은 개인이 합리적으로 이익을 추구하며 최적의 선택을 한다고 생각했다. 그러나 실제로는 개인이 이성적이지 않은 요소들에 영향을 받아 선택한다는 사실이 알려졌고, 이에 행동경제학은 인간의 심리, 편향, 사회적 영향 등을 고려하여 선택을 분석하는 새로운 관점을 제시하였다.

　이런 흐름 속에서 개인들이 선택에 있어서 사회적으로 영향을 받는다는 사실은 점점 더 강조되었다. 많은 이들이 주변 사회적 환경, 타인의 선택, 정보 제공 방식 등에 의해 영향을 받아 선택을 한다는 것이었다. 이에 따라 넛지 이론은 개인들이 자유롭게 선택할 수 있도록 하면서도 사회적인 영향을 통해 더 나은 선택을 할 수 있도록 유도하는 방법을 제안하게 되었다.

현재에 적용하기

이 책에서 설명하는 '넛지' 개념이 적용되고 있는 우리 주변의 구체적인 현상이나 사례를 찾아보고 그 경제학적 의미를 찾아보자.

▶ 책의 내용을 진로 활동과 연관 지은 경우 (희망 진로: 경제학자)

교과 심화 활동으로 현대 경제학의 동향과 나아가야 할 방향성에 대한 주제로 경제 탐구 프로젝트를 진행함. 그중 행동경제학의 이론을 접하고 관심을 가지게 되어 여러 자료를 탐색하던 중 경제 고전에서 인사이트를 많이 얻었음을 발표를 통해 소개함. 특히 행동경제학 이론의 대표적인 책인 '넛지(리처드 H. 탈러, 캐스 R. 선스타인)'를 읽고 기존 경제학 이론에서 이야기하는 이상적인 경제 주체에 대해 새롭게 고찰하며 경제 행동 주체에 대한 의미를 재정립하는 계기를 가지게 되었다고 소감을 발표한 부분이 인상적임. 또한 우리 사회에 넛지가 녹아있는 다양한 사례를 전시 형태의 포스터로 제작하여 발표 자료로 소개하며 프로젝트에 임하는 능동적인 탐구력을 함양함. 그중 운전할 때 사고 예방을 위한 가짜 과속방지턱, 터널에서의 경보음, 급커브 구간에서의 차선 패턴 등 넛지가 활용된 시각 자료들을 통해 친구들의 개념 이해를 도우며 호응을 받음. 넛지의 개념을 활용한 일상 예시를 다양하게 잘 찾은 점에서 지식 정보 처리 역량이 돋보였음.

▸ 책의 내용을 사회 교과와 연관 지은 경우

평소 행동경제학과 심리학의 융합 과정에 관심이 많으며 사회에서 일어나는 다양한 경제 현상의 의미와 그 이면에 관심이 많은 학생으로, 다양한 경제 현상의 주체와 그 주체의 행동 원인을 찾기 위해 경제 고전 속에서 해답을 찾아 발표함. 그중 '넛지(리처드 H. 탈러, 캐스 R. 선스타인)'를 읽고 '넛지 개념 탐구 보고서'를 작성함. 넛지의 개념을 적용한 현재 경제 상황의 구체적 사례와 넛지를 다루는 방법을 제시하는 자신만의 경제 에세이를 작성하여 발표한 점이 인상적임. 특히 넛지를 좋지 않은 방향으로 사용하는 경우를 알아내어 그것에 대비할 수 있는 능력을 갖출 수 있는 또 하나의 시각을 가지는 것이 중요함을 강조하는 등 넛지에 대한 예리한 분석력 및 비판적 사고력을 선보임. 기업의 윤리적 의식과 개인의 냉철한 판단력 및 합리적인 윤리적 함양과 자질이 그 어느 때보다 필요함을 강조하는 등 자신의 의견을 조리 있게 주장하며 경제와 행동 심리에 대해 연구하고자 하는 열정이 넘치는 학생임. 더 나아가 또 다른 행동경제학 관련 고전 도서와 현대 경제 변화에 대해 분석하고 깊이 있는 탐구를 희망한다는 포부를 밝히는 에세이를 작성하여 제출함.

후속 활동으로 나아가기

▸ 내가 살고 있는 사회에 어떤 넛지가 스며들어 있는지, 넛지의 차원에서 사회가 어떻게 설계되었는지를 탐구하는 '넛지 개념 탐구 보고서'를 작성해 보자.

▸ 특정 상황이나 맥락에 맞는 넛지 디자인을 고민하여 어떻게 하면 사람들의 특정 행동을 유도할 수 있는 섬세한 선택 아키텍처를 만들 수 있을지 설계해 보는 나만의 '넛지 디자인 프로젝트'를 진행해 보자.

▸ '넛지'에서 언급된 행동경제학의 원리를 근거로 현대적인 경제 현상이나 인간 행동에 대한 연구 논문을 검색하여 자료를 분석하고 해당 연구의 결과와 책의 내용을 비교하여 정리해 보자.

▸ 넛지가 사회적 목표 달성을 위해 어떻게 활용될 수 있는지에 대한 모둠별 프로젝트 활동을 진행해 보자. 모둠별로 환경 보호, 건강 증진, 교육 등 다양한 주제를 설정한 후 넛지가 해당 영역에 어떻게 기여할 수 있는지에 대해 구체적으로 고민해 보자.

▸ 넛지를 적용함으로써 발생할 수 있는 윤리적인 문제에 대해 고찰하고, 특히 어떻게 개인의 선택 자유를 존중하면서도 긍정적인 방향으로 유도할 수 있는지에 대해 토의해 보자.

함께 읽으면 좋은 책

리처드 H. 탈러 《승자의 저주》 이음, 2007.

리처드 H. 탈러 《행동경제학》 웅진지식하우스, 2021.

리처드 H. 탈러 《똑똑한 사람들의 멍청한 선택》 리더스북, 2016.

무엇이 행동하게 하는가

유리 그니지, 존 리스트 ▸ 김영사

《무엇이 행동하게 하는가》는 경제학의 관점에서 우리 일상생활에 숨겨진 동기와 경제적 행동에 대해 다룹니다. 돈, 자부심, 사회적 영향력 등의 동기가 어떻게 우리의 선택을 조종하는지를 다양한 사례와 실험을 통해 설명합니다. 이 책은 우리의 선택과 행동을 이해하는 데 도움을 주며, 일상생활에서 경제학 원리를 적용하여 더 현명한 선택을 하는 방법을 제시합니다.

저자 유리 그니지[Uri Gneezy, 1969~]는 이스라엘 출신의 경제학자로, 실험경제학 분야에서 주목받는 학자입니다. 그는 많은 연구와 실험을 통해 사회적 동기와 인센티브, 행동경제학 등 다양한 주제에 대해 탐구하고 있습니다. 특히 그의 연구는 현실 세계에서 경제적인 결정이 어떻게 이루어지는지를 이해하는 데 도움을 줍니다.

공동 저자인 존 리스트John List, 1968~는 실험경제학과 환경경제학 분야에서 국제적으로 인정받는 학자입니다. 실험경제학 분야에서 영향력 있는 학자로서 그는 현실 세계에서 사람들의 경제적인 동기와 행동에 대한 이해를 높이는 데 기여해 왔습니다. 그는 행동경제학과 실험경제학의 접근법을 통해 사회 현상을 이해하고 경제적인 동기와 행동의 복잡성을 연구하는 데 주력하고 있으며, 특히 그의 연구는 정책 결정에도 큰 영향을 미치고 있습니다.

《무엇이 행동하게 하는가》가 나오게 된 배경에는 사회 현상과 경제적인 행동을 이해하고자 하는 이들의 깊은 관심과 욕구가 있습니다. 일상생활에서 우리는 다양한 선택과 행동을 합니다. 이 선택과 행동의 배경에는 종종 숨은 동기와 경제적인 요인이 작용합니다. 이 책은 이러한 숨은 동기와 경제적인 행동을 파헤치고, 우리가 왜 특정한 선택을 하는지, 어떤 동기와 인센티브가 작용하는지를 이해할 수 있게 합니다.

이 책의 전체적인 중심 키워드는 '인센티브'입니다. 인센티브는 어떤 행동을 하도록 만드는 자극을 말합니다. 대개 어떤 행동을 하길 바라는 주체자가 있고, 그 주체자가 이 인센티브를 활용합니다. 주체자라고 하면 회사에서는 경영자일 것이고, 스포츠에서는 감독이 될 수도 있습니다.

'마음을 움직이는 경제학'이라는 부제에 걸맞게 이 책에는 인센티브에 관한 광범위한 연구 결과가 담겨있습니다. 차별, 성별 격차와 교육 격차, 동기 부여, 사업 수익성 등을 비롯한 사회의 중요 문제를 검토하며 인센티브가 긍정적인 결과를 창출한다는 점을 강조합니다. 저자들은 이러한 결과를 얻기 위해서는 인센티브 제도를 올바르게 수립하고 사람들이 마음에 품은 동기에 적합하도록 정교하게 방향을 맞추어야 한다고 주장합니다.

그니지는 인간 행동의 근본적인 동기를 이해하기 위해 10가지 주요 욕구를 제시합니다. 이 욕구들은 자아 존중, 성취, 권력, 애정, 안정, 자율성, 유희, 지식, 회피, 소속감 등입니다. 각 욕구는 사람의 행동을 촉진시키는 중요한 원동력 역할을 합니다. 그니지는 이러한 욕구가 개인의 결정과 행동에 미치는 영향을 분석하는데 이를 통해 사람들은 자신과 타인의 행동을 더 깊이 이해할 수 있다고 주장합니다. 또한 이러한 욕구가 어떻게 상호 작용하여 행동 패턴을 형성하는지를 설명합니다.

이 책은 실제 현실 세계로 들어가 관찰하고 실험함으로써, 사람들이 어떤 방식으로 행동하는지 그들의 숨은 진짜 이유를 탐색하면서 '현장 실험'의 중요성을 강조합니다. 그러면서 실험경제학의 원리를 보여주고, 현실 세계의 경제적인 선택의 이유와 배경에 대해 제대로 이해할 수 있도록 돕습니다.

이 책에서 유리 그니지와 존 리스트는 다양한 실험과 조사를 통해 사회 현상과 경제적 행동의 복잡성을 분석하고 설명합니다. 그들은 왜 사람들이 어떤 선택을 하는지, 경제적 동기가 어떻게 작용하는지를 탐구하는데, 이를 통해 우리가 일상적인 상황에서 어떻게 경제적인 선택을 하는지를 구체적으로 이해할 수 있습니다.

예를 들어 왜 우리는 자선 단체에 기부하는지, 왜 우리는 할인과 혜택에 민감한지, 왜 우리는 환경 보호에 관심을 가지는지 등 다양한 주제를 다루며, 이를 통해 우리가 경제적인 동기와 인센티브에 얼마나 민감하게 반응하는지를 알 수 있게 합니다.

사람들은 타인에게 긍정적으로 평가받거나 사회적 명예를 얻고자 하는 욕구가 강합니다. 자선 단체에 기부할 때 공적인 인정이나 감사 표시와 같은 사회적 인센티브는 기부의 중요한 동기가 됩니다. 또한 사람들은 본능적으로 경제적 이득을 극대화하려는 심리가 있습니다. 할인이나 특별 혜택을 통해 가격 절감을 경험하고 나면 소비자의 행동은 크게 달라집니다.

우리가 환경 보호에 참여하는 이유는 단기적인 이익이나 개인적인 책임감만이 아니라 장기적인 이익과 사회적 책임을 중요시하기 때문입니다. 사회 전체의 건강과 미래 세대를 고려한 장기적 인센티브가 친환경적인 행동을 유도하는 것입니다.

결론적으로 이 책은 우리가 사람들을 행동하게 만드는 진짜 이유를 이해하고 알아낼 수 있다면 상대뿐 아니라 사회 전반을 내가 원하는 방식으로 변화시키고 행동할 수 있게 유도할 수 있다고 주장합니다. 이뿐만 아니라 인센티브를 효과적으로 활용하고 사람들의 행동 과정을 제대로 이해하면 사회를 더 긍정적으로 바꿀 수 있다고 말합니다.

《무엇이 행동하게 하는가》는 경제학적인 이론을 쉽게 이해할 수 있도록 설명하고, 실생활에서 경제적인 동기와 판단의 영향을 파악하는 데 도움을 줍니다. 이 책을 읽으며 자신의 생각과 경험을 바탕으로 이야기를 나누어 보아도 좋겠습니다. 우리의 일상적인 선택과 행동에 대해 깊은 통찰을 얻고, 이를 통해 경제학적인 이해와 시각을 넓히는 기회를 가지면 좋겠습니다.

도서 분야	경제	관련 과목	통합사회, 경제, 사회와 문화, 사회문제 탐구	관련 학과	사회학과, 경제학과, 심리학과, 소비자학과

▶ **기본 개념 및 용어 살펴보기**

경제학의 기본 개념 및 용어

개념 및 용어	의미
외부성	경제학에서 외부성Externality은 어떤 행위나 결정이 제3자에게 의도치 않은 편익이나 비용을 발생시키면서 이에 대한 대가가 지불되지 않는 것을 의미함.
욕구	인간의 행동을 유도하는 기본적인 심리적 필요와 동기를 말하며 이 개념은 인간이 왜 특정한 행동을 하게 되는지를 설명하는 데 중요한 역할을 함.
행동 동기	특정 행동을 하게 만드는 내부적인 원인이나 이유를 의미하며, 행동 동기Motivations를 이해하면 개인의 결정과 행동 패턴을 더 잘 이해할 수 있음.

▶ **시대적 배경 및 사회적 배경 살펴보기**

원제가 'The Why Axis: Hidden Motives and the Undiscovered Economics of Everyday Life'인 '무엇이 행동하게 하는가'는 2013년에 출간되었다. 2013년은 금융 위기 이후로 경제적 불안이 여전히 존재하던 시기였다. 저자들은 이런 불안정한 시대에 경제학적 원리를 통해 사회와 개인의 행동을 설명하고자 했다. 경제학이 현실 세계에 어떻게 적용될 수 있는지에 대한 탐구는 이 시기에 특히 중요한 주제였다. 금융 위기 이후, 사람들은 경제적인 선택과 그 영향에 대해 더 깊이 이해하기를 원했고, 이러한 시대적인 욕구에 부응하며 경제학을 일상생활에 적용하여 왜 사람들이 특정 행동을 취하는지를 논의하게 되었다. 이와 함께 불평등, 환경 문제, 정책 제안 등과 같은 다양한 사회적 이슈를 해결하고자 하는 욕구도 높아졌다. 이 책은 경제적 이론과 실험을 통해 이러한 문제에 대한 실질적인 해결책을 모색하고자 한 시도라는 점에서도 의미가 있다.

현재에 적용하기

이 책에서 이야기하는 인센티브 개념이 적용된 일상생활 중의 여러 사례를 찾아보고 실제 행동으로 이어지는지 다각도록 분석하여 행동의 동기 요인을 탐구해 보자.

생기부 진로 활동 및 과세특 활용하기

▸ **책의 내용을 진로 활동과 연관 지은 경우** (희망 진로: 경제 행동 전략 분석가)

평소 경제 분야에 대한 관심이 많아 경제 분야의 독서를 즐겨하며 장래 경제 행동 전략 분석가를 꿈꾸는 학생으로 '무엇이 행동하게 하는가(유리 그니지, 존 리스트)'를 읽고 책 속에 등장하는 경제 용어 중 '인센티브'의 의미에 대해 자료 조사하고, 개념 보고서를 작성하여 발표함. 책을 읽고 행동경제학에 관심이 생겨 후속 활동으로 경제학의 변화에 대해 탐구 보고서를 작성함. 특히 '무엇이 행동하게 하는가'를 읽고 행동경제학의 현장 실험을 통한 이론 구축이 실제 경제학 분야에 있어 혁신적인 방법으로, 인간의 감정을 끌어들여 심리학까지 경제학에 접목하여 경제학을 열정적인 현장의 학문으로 발전시키는 데 기여했음을 보며 관련 분야로 진로를 정하는 데 동기 부여를 받았다는 내용의 독후 소감문을 작성함. 경제 고전 읽기에 매력을 느껴 '경제 고전 읽기' 자율 동아리를 개설하여 활동하며 고전 속에서 체계적인 경제 지식과 사고력 및 가치관을 함양함. 더 나아가 동아리 활동에서 실시한 경제 영역 고전 속 명언집을 부원들과 함께 제작하여 동아리 전시회에 출품하며 고전 독서 독후 활동을 이어 나감.

▸ 책의 내용을 사회 교과와 연관 지은 경우

사회 현상에 대한 높은 지적 호기심을 가진 학생으로, 자신의 진로인 마케팅 분야 경영인으로서의 시야를 갖기 위해 뚜렷한 목표 의식을 가지고 사회 문제 해결에 열정을 보임. 경제학 분야의 기초 개념을 정립하기 위해 경제 고전 속에서 해답을 찾아 발표함. 그중 '무엇이 행동하게 하는가(유리 그니지, 존 리스트)'를 읽고 사람들이 행동하게 되는 원인과 동기에 관심을 가지고 마케팅으로 연결하여 독후 소감문을 작성함. 특히 소비자의 마음을 움직이는 생활 경제와 윤리 경영에 관심을 가짐. 특히 윤리 경영에 관한 이론을 정리하며 이를 통해 사회 문제를 개선함과 동시에 기업 이미지 제고에도 도움이 되어 장기적으로 경영에 긍정적인 영향을 준다는 생각을 함께 발표함. 실제 '행동으로 이끄는 마케팅 전략'을 체험하는 모둠별 프로젝트를 실행하여 경제학의 기본 원리와 이론 체계를 이해하고, 현실의 경제 문제를 사회 현상의 전체적 맥락에서 합리적으로 해결하는 기준과 방법을 모색함. 경제 환경의 변화와 이에 대한 대응 방향을 탐색하는 과정에 열정적으로 임함.

▸ '무엇이 행동하게 하는가'에서 다룬 경제학적 원리와 실험을 우리 주변에서 일어나는 경제 현상이나 상황에 적용하고 분석하여 '경제 지식 실험 보고서'를 작성해 보자.

▸ 자신의 일상을 들여다보며, 왜 내가 특정 선택을 하는지, 나의 행동에는 어떤 동기가 작용하는지를 고찰하고, '나의 의사 결정 알고리즘' 또는 '영향을 미치는 선택 과정 원인'에 관한 보고서를 작성해 보자.

▸ 선하지 않은 동기에서 비롯된 경제적 행동이 결과적으로 경제적 유용성, 즉 이득을 창출했다면 이것이 장기적으로 볼 때 사회적으로 어떤 영향을 줄 수 있을지 토의해 보자.

▸ 이 책에서 이야기하는 인센티브 개념이 현재 경제 발전에 어떤 도움이 되었는지를 구체적으로 알아보고, 그렇지 않다면 그 이유에 대해 토론해 보자.

▸ 이 책을 읽은 후 '어떻게 하면 내가 원하는 대로 타인을 행동하게 만들까?', '성별 격차를 좁히려면 어떻게 해야 할까?', '학생들이 스스로 공부하게 만드는 방법은 무엇일까?', '사람들이 차별하는 진짜 이유는 무엇일까?', '사회가 개인을 어떻게 보호해 줄 수 있을까?' 등의 토론 논제를 제시하며 교과 연계 심화 활동을 진행해 보자.

함께 읽으면 좋은 책

리처드 H. 탈러, 캐스 R. 선스타인 《넛지》 리더스북, 2022.

스티븐 레빗, 스티븐 더브너 《괴짜 경제학》 웅진지식하우스, 2007.

대니얼 카너먼 《생각에 관한 생각》 김영사, 2018.

고 용 , 이 자 , 화 폐 의 일 반 이 론

존 메이너드 케인스 ▸ 필맥

《고용, 이자, 화폐의 일반이론》은 경제 활동의 기반이 되는 화폐와 화폐의 값어치인 이자를 통해 경제가 움직이는 원리와 그 속에서 어떻게 하면 경제 상황을 적절히 조절할 수 있는지에 대해 이야기하는 책입니다. 이 책은 경제 주체들이 항상 이성적으로 행동한다는 전통적인 경제학의 관점과는 달리 경제 주체들이 예측 가능하지도, 합리적이지도 않다는 관점을 지닙니다. 이에 불확실성과 예측 불가능한 요인들이 경제 시스템에 영향을 미친다는 점을 강조하며 경기 침체와 실업 문제에 대한 새로운 시각을 제시합니다.

저자 존 메이너드 케인스^{John Maynard Keynes, 1883~1946}는 20세기 최고의 경제학자 중 한 명으로 꼽히며, 현대 경제학의 발전에 큰 영향을 끼친 인물입니다. 케인스의 주요 업적은 고용 이론과 경기 부양 정책에 관한 연구입니다. 그의 이론은 경제학의 패러다임을 혁신적으로 변화시켰으며, 이러한 기여로 인해 그는 현대 경제학의 거장으로 평가되고 있습니다.

먼저 케인스의 《고용, 이자, 화폐의 일반이론》이 나오게 된 배경을 살펴볼 필요가 있습니다. 1929년에 시작된 경제 대공황은 10년에 걸쳐 자본주의 국가들을 휩쓸며 체제 붕괴의 위기를 가져왔습니다. 이에 대해 각국의 정부는 전통적인 자유방임정책에 사로잡혀서 아무런 적극적인 대책도 강구하지 않고 있었습니다. 이때 케인스는 당시의 실업을 자본 과잉 유효수요 부족에 의한 실업으로 진단하고, 이를 탈피하기 위한 국가 재정 확대의 방법을 이론적으로 제시했습니다.

케인스는 고전파의 이론에서 벗어나 이 실업이 일시적인 상황이 아니라 장기간 지속되는 현상임을 설명했습니다. 우선 완전고용을 목표로 한다고 가정해 봅니다. 고용이 많아져 노동 고용량이 증가하면 그에 따라 산출량이 증가합니다. 이때 경제 전체로 보면, 소득이 증가하는 한편 생산비용도 증가합니다. 생산자는 생산비용의 증가가 상품 판매를 통해 모두 만회되기를 바랍니다. 하지만 여기서 케인스는 산출량 증가에 따라 증가한 소득이 모두 상품 구매로 이어지지 않을 가능성이 높다고 주장합니다. 우리가 돈을 많이 벌면 그만큼 많이 쓰기도 하지만, 늘어난 소득의 일부는 쓰지 않고 저축하기도 합니다. 따라서 생산비용의 증가가 만회되기를 바라는 생산자의 기대는 이루어지지 않게 됩니다. 이렇게 생산비용 증가가 상품 판매를 통해 모두 만회되지 않으면 생산자는 산출량과 노동 고용을 이전보다 감소시킬 것입니다.

케인스가 주장한 유효수요의 원리, 소비성향과 저축, 투자와 이자율은 그의 경제 이론의 중심입니다. 유효수요의 원리는 경제의 고용 수준을 결정하는 핵심 개념으로, 이는 소비와 투자 지출의 총합을 의미합니다. 케인스는 경제가 자동적으로 완전고용 상태를 유지하지 않으며, 유효수요가 충분하지 않으면 실업이 증가한다고 주장했습니다. 따라서 유효수요를 증대시키는 것이 경기 침체를 막고 고용을 유지하는 중요한 방법입니다.

유효수요를 구성하는 중요한 요소 중 하나는 소비입니다. 케인스는 사람들이 소득 중 소비로 지출하는 비율을 소비성향이라고 정의했습니다. 일반적으로 소득이 증가하면 소비도 증가하지만, 저축 또한 함께 늘어납니다. 케인스는 한계소비성향Marginal Propensity to Consume, MPC이라는 개념을 도입하여 추가 소득 중 소비되는 비율을 설명했습니다. 저축이 과도하게 많아지면 소비가 줄어들어 유효수요가 감소하고, 이는 경제 침체를 초래할 수 있습니다.

반면, 투자는 경제 성장과 유효수요를 촉진하는 중요한 요소입니다. 케인스는 투자가 주로 이자율에 의해 결정된다고 보았습니다.

이자율이 낮아지면 자본을 빌리는 비용이 줄어들어 기업들은 투자를 늘리게 됩니다. 그러나 케인스는 이자율이 충분히 낮아져도 투자가 늘어나지 않을 수 있다고 주장했습니다. 이는 기업의 미래 기대 수익이 낮거나 경제적 불확실성이 높을 때 발생합니다.

케인스는 사람들이 미래의 불확실성 때문에 현금을 보유하려는 유동성 선호가 있다고 설명했습니다. 이는 저축이 투자를 자동으로 촉진하지 못하는 이유 중 하나입니다. 사람들이 현금을 보유하고자 하면, 저축이 증가해도 그 돈이 투자로 이어지지 않기 때문에 유효 수요가 늘어나지 않습니다. 이러한 문제를 해결하기 위해 케인스는 정부의 적극적인 경제 개입을 주장했습니다.

우리가 뉴스를 통해서 알 수 있듯이, 민간 부문의 투자를 결정하는 주요 요소는 미래 경제 상황에 대한 기대입니다. 경제가 나아질 것이라는 전망이 보이면 투자가 활발해집니다. 즉 정부는 투자자들이 미래 경제 상황에 대해 긍정적 기대감을 가지고 투자할 수 있도록 여건을 조성해야 합니다. 그리고 만약 이런 정책으로도 충분한 투자가 이루어지지 않는다면, 정부가 직접 투자 지출을 할 수 있습니다. 이런 것이 오늘날 말하는 정부의 '재정 정책'입니다. 민간 부문의 투자 결정이 자율적으로 결정되는 한 완전고용을 위한 정부의 역할은 필수적이라는 것이 케인스의 주장입니다.

《고용, 이자, 화폐의 일반이론》은 현대 거시경제학의 출발점입니다. 《고용, 이자, 화폐의 일반이론》에서 케인스가 제시한 이론은 당대의 주류였던 고전학파 경제학의 기초를 뒤엎는 것이었습니다. 고전학파 경제학의 가장 큰 문제점은 이론과 현실 사이에 존재하는 괴리에 맞닥뜨렸을 때 그런 괴리에 대한 이유를 현실의 불완전성에서 찾는 데 있었습니다. 하지만 케인스는 그런 설명에 만족하지 않고, 현실에 맞추어 이론을 구성했습니다. 오늘날 '신고전주의', '신케인스주의', '포스트 케인스주의' 경제학 이론 등이 나오면서 원래의 케인스주의가 상당히 수정되기는 했지만, 그럼에도 케인스가 현대 거시경제학의 모든 논의에서 중심에 서는 이유는 바로 여기에 있습니다.

이 책을 통해 케인스의 이론이 적용되는 정부의 경제 조절, 고용 창출 정책, 통화 정책 등 현재 경제 상황의 다양한 사례를 탐색하고 자신만의 경제 방향성이나 대안을 제시해 보면 좋겠습니다.

도서분야	경제	관련과목	통합사회, 경제, 정치	관련학과	사회학과, 경제학과

▶ **기본 개념 및 용어 살펴보기**

경제학의 기본 개념 및 용어

개념 및 용어	의미
유효수요	인간의 물질에 대한 욕구는 무한하지만, 구매력을 수반하지 않는 욕망은 단지 잠재적 수요에 지나지 않음. 유효수요는 크게 두 종류로 나뉘는데 하나는 소비물자에 대한 수요, 즉 소비수요이고 다른 하나는 공장설비나 원료를 증대시키기 위한 수요, 즉 투자수요임.
한계소비성향	한계소비성향(Marginal Propensity to Consume, MPC)은 추가 소득 중 소비로 지출되는 비율을 의미함. 케인스는 소득이 증가할 때 소비도 함께 증가하지만, 그 비율은 점점 줄어든다고 설명함. 이는 저축의 증가가 소비의 증가 속도보다 빠를 수 있음을 나타내며, 경제 전체의 유효수요에 영향을 미침.
케인스학파	케인스학파는 경제학자 존 케인스의 이론과 정책을 따르는 학파로 경제의 주축이 수요와 고용에 있다고 주장하며, 정부의 경제 개입과 경기 부양 정책을 강조함. 케인스학파는 경기 침체 시 정부가 지출을 늘리고 세금을 낮춰 경기를 활성화시키는 경기 부양 정책을 주장하고, 고용 창출과 고용 보호를 중요한 과제로 보며, 정부의 역할은 경제 조절과 규제, 공공 재화 제공에 있다고 강조함. 경제의 수요 중심적인 관점과 정부의 역할에 대한 중요성을 강조하며, 현대 경제학에 큰 영향을 미치고 있음.

▶ 시대적 배경 및 사회적 배경 살펴보기

'고용, 이자, 화폐의 일반이론'이 나오기 전까지, 거시경제학은 '공급이 수요를 창출한다'는 명제로 요약되는 세의 법칙Say's Law으로 대표되었다. 프랑스의 고전파 경제학자인 장 바티스트 세Jean Baptiste Say, 1767~1832의 이름을 딴 그 법칙에 따르면, 공급과 수요는 균형을 이루며 재화의 과잉 생산은 존재하지 않는다. 따라서 노동 역시 항상 완전고용 수준에 있다. 즉 이 상황에서 '실업'이라는 것은 전혀 없거나 있더라도 잠깐만 있다. 이렇게 완전고용을 전제로 한 고전파 경제학의 이론은 일부 비판을 받기는 했지만, 케인스가 활동하던 20세기 초까지도 주류 경제학 이론으로 자리 잡고 있었다. 케인스 역시 고전파 경제학의 영향을 받았던 인물이다. 하지만 이론적으로 전제되는 '완전고용'과는 달리, 케인스가 본 현실에서는 실업이 상당히 오랜 기간 지속되고 있었다. 케인스는 당대 주류 경제학의 결론과 현실 사이에 존재하는 분명한 괴리를 비판하고, 실업을 설명하는 이론적 틀을 제공하며 노동의 완전고용을 달성하기 위한 정책을 제시하기로 했다. 그 결과물이 바로 '고용, 이자, 화폐의 일반이론'이라는 책이다.

현재에 적용하기

케인스학파의 경제 해결책으로 설명되는 유효수요의 개념을 정리하고 유효수요의 변동에 따른 경제 영향을 나만의 도식화 이론으로 재정립 해보자.

생기부 진로 활동 및 과세특 활용하기

▸ 책의 내용을 진로 활동과 연관 지은 경우(희망 진로: 경제 정책 분석가)

'고용, 이자, 화폐의 일반이론(존 메이너드 케인스)'을 읽고 경제 전반에 걸쳐 영향력을 미친 거시경제학의 대표학파인 케인스학파에 대해 집중 탐구 보고서를 작성함. 케인스학파에 속한 여러 경제학자들의 주요 주장과 이론을 탐색하고, 방대한 자료를 시대별, 연도별로 경제학자들을 분류하고 정리하여 발표함으로써 동료들에게 이해하기 쉽게 전달하는 발표력이 돋보임. 특히 애덤 스미스의 '국부론'과 고전 경제학파가 주장하는 기본 사상인 '생산되는 것은 모두 소비된다'는 생각을 전적으로 반박하고 보이지 않는 손은 때때로 제대로 작동하지 않는다고 주장하며 케인스의 주장에 공감하는 등 자신의 경제 철학을 재정립하는 모습이 인상적임. 자신의 진로 분야인 경제 정책 분석가로서의 역량을 함양하기 위해 케인스학파의 '정부의 적극적 개입'이라는 장치를 눈여겨보고 자본주의도 정부의 역할에 따라 단점을 해결할 수 있음을 주장하는 경제 에세이를 작성함. 특히 자신만의 경제 정책 제안 부분에서 경제 불황의 대안책으로 정부가 적극적으로 개입하며 돈을 풀어 유효수요를 창출해야 한다고 여러 사례를 들어 적극 주장하며 친구들을 순식간에 몰입시키는 리더십을 선보였으며 이를 위한 공공사업과 복지정책을 강조하는 독창적인 의견 제시로 많은 박수와 공감을 받음.

▸ 책의 내용을 사회 교과와 연관 지은 경우

사회에서 일어나는 다양한 경제 현상을 관찰하는 것을 좋아하고, 경제 개념 이해력이 뛰어난 학생으로, 경제학 분야의 인과 관계를 파악하는 체계적인 역량을 정립하기 위해 경제 고전을 탐구하고 발표함. 그중 '고용, 이자, 화폐의 일반이론(존 메이너드 케인스)'을 읽고 케인스의 주장을 일목요연하게 정리하고 케인스가 주장한 여러 경제 개념을 역사적 사례를 중심으로 내용을 제시하며 다양한 콘텐츠를 가미한 흥미로운 프리젠테이션을 진행함으로써 경제 고전 해설가로서의 역량을 함양함. 특히 케인스가 무조건 큰 정부와 적자재정을 추진하는 것이 아니라 경제 상황이 활발할 때는 긴축 정책을 시행해야 한다고 주장하기도 했다며 고전 해석의 세심한 분석력과 비판적 독서 및 사고력이 돋보이는 모습을 보임. 자유 시장 경제를 주장하는 경제학자와 케인스학파의 이론을 따르는 경제학자들의 주장을 비교분석하고 추가 정리하여 모둠원들에게 설명함으로써 이해를 도와 학습의 방향을 이끌어가는 북 큐레이터 역할을 성실히 수행하며 상호협력적인 배움의 과정을 통해 미래 사회학자로서의 역량을 함양함.

후속 활동으로 나아가기

▸ 케인스 이론에서 수요의 역할과 중요성에 대한 사례를 집중 탐구하고 이에 따른 금리와 투자의 관계에 대해 고찰하여 자신만의 경제 에세이를 작성해 보자.

▸ 케인스 이론과 고전 경제학파 등 다른 주요 경제학 이론을 비교 분석하는 경제 탐구보고서를 작성해 보자.

▸ 케인스의 이론을 현재 정부 정책에 적용하는 방법을 고민하고, 특히 정부가 어떻게 효과적으로 경기를 안정화하고 고용을 유지할 수 있는지에 대한 실제 정책 제안서를 발제해 보자.

▸ 국제 경제 체제에서 케인스주의를 어떻게 적용할 수 있는지 생각해 보고, 국제 경제 체제의 공정성과 안정성 개선 방안을 모색하는 모둠별 프로젝트에 참여해 보자.

▸ 케인스 이론에서 소비 심리와 소비의 역할에 대한 고찰을 토대로 인간 행동과 경제 시스템의 상호 작용에 대한 분석 보고서를 작성해 보자.

함께 읽으면 좋은 책

니컬러스 칼도 《원서발췌 경제정책론》 지식을만드는지식, 2019.

라울 프레비시 《라틴아메리카의 역동적인 발전 정책에 대해》 지식을만드는지식, 2011.

라이어널 로빈스 《과학으로서의 경제학이 지닌 속성과 중요성》 지식을만드는지식, 2019.

풍요한 사회

존 케네스 갤브레이스 ▸ 한국경제신문

《풍요한 사회》는 존 케네스 갤브레이스가 1958년에 발표한 책으로, 현대 사회의 부와 불평등을 비판적으로 조명하며 경제 발전이 불균형과 불평등을 증가시킨다는 역설을 제시합니다. 그는 이 책에서 '의무의 사회'에서 '광고의 사회'로의 전환과 광고가 소비 문화를 어떻게 조작하는지를 다루며, 이와 함께 경제 성장과 불평등의 모순에 주목하고 '사회적 빈곤' 개념을 도입하여 부유한 사회에서도 사회적 문제와 불평등이 존재함을 강조합니다. 이 책은 부와 불평등에 대한 비판과 함께, 정부의 강력한 개입과 사회적 투자의 필요성을 강조하여 현대 사회와 정책에 큰 영향을 미친 경제 고전입니다.

저자 존 케네스 갤브레이스John Kenneth Galbraith, 1908~2006는 현대 사회의 경제적 문제와 부의 불평등에 대한 비판적 시각으로 유명합니다. 갤브레이스는 유머와 쉬운 표현으로 어려운 경제 이론을 대중에게 이해시키는 데 탁월한 능력을 발휘하였는데, 그의 생애는 이러한 경제학자로서의 업적뿐만 아니라 공공 정책에 대한 기여와 저술가로서의 활약으로도 기억되고 있습니다.

존 케네스 갤브레이스의 《풍요한 사회》가 출간된 것은 1950년대 후반입니다. 당시 미국은 경제적으로 급격한 성장을 이루고 있었으며, 산업화와 기술 혁신으로 생산력이 크게 증가했습니다. 하지만 이러한 경제적 성장에서 오는 이익이 모든 사회 구성원에게 고르게 돌아가지는 않았습니다. 경제가 성장할수록 불평등이 증가하는 경향을 보였습니다. 갤브레이스는 이러한 시대적 변화를 비판적으로 들여다보았습니다.

이 책의 큰 줄기는 경제적 불평등에서 오는 사회적 구조적 문제와 그 대안을 찾고 사회 균형을 이루는 방안을 모색하는 것입니다. 《풍요한 사회》에서 그는 경제 성장으로 주로 소수 부유층만 이익을 보고 일반 대중의 삶의 질은 떨어진다는 견해를 제시하며 현대 사회의 부와 불평등 문제에 대한 인식을 높이고, 여기에 정부의 개입이 필요하다는 주장을 펼칩니다.

우선 책에서 언급되는 '풍요'는 경제적 의미의 물질적 풍요를 말합니다. 빈곤에 반대되는 개념으로 풍요를 생각한다면 좀 더 명확한 규정이 될 것입니다. '빈곤 사회에서 탈출하여 풍요한 사회로 진입'하는 것은 현대 모든 국가들의 가장 큰 관심사였습니다. 그러나 이제는 물질적인 풍요만이 전부가 아닌 시대가 되었습니다. 재화와 서비스를 생산하는 능력은 소비자의 욕구를 뛰어넘을 정도로 성장했습니다. 생산이 소비 욕망을 부추기고, 욕망을 충족하기 위해 소비를 하고, 또 이러한 소비를 위해 생산하는 경제의 쳇바퀴가 돌아가게 되었습니다. 이러한 사회에서 구매력이 없는 저소득층은 상대적 빈곤에 처하게 됩니다. 이것이 갤브레이스가 말한 현대의 '풍요한 사회'의 풍경입니다.

갤브레이스는 단순히 물질적 풍요만으로는 빈곤 문제를 해결할 수 없다며, 빈곤 문제를 해결하기 위해서는 보다 포괄적이고 실질적인 접근이 필요하다고 이야기합니다.

자본주의 현대 사회에서 발생하는 다양한 문제의 근본적 원인은 대부분 경제적 가치의 생산과 그 결과물의 분배에 있습니다. 갤브레이스는 대량소비 시대의 미국을 비판적 시각으로 분석하면서 주류경제학에서 가장 핵심적인 내용으로 삼고 있는 생산과 소비 이론이 일정한 한계에 봉착했다고 지적합니다. 자본주의의 문제 중 하나인 개인의 탐욕이 과잉 생산과 과잉 소비로 귀결되고 있다는 것입니다. 이를 해결하기 위한 방안으로 그는 강력한 정부의 역할을 제안합니다. 예를 들어 높은 세금과 큰 정부, 정부의 개입, 그리고 사회복지 강화 등의 방안입니다.

자본주의 사회에서 부의 편중은 필연적인 것일지도 모릅니다. 그렇기에 빈곤층에 대한 재화의 분배는 그만큼 어려운 문제가 될 수 있습니다. 갤브레이스는 이것이 어쩔 수 없는 딜레마일지라도 사회 구성원 사이의 간극이 양극단으로 점점 더 벌어진다면 '풍요로운 사회'로의 진입은 불가능한 목표일 것이라고 강조합니다.

갤브레이스는 경제적 불평등에 대한 개인과 사회의 자만심을 경계했습니다. 그는 부의 양극화 심화는 경제 안정에 대한 위협으로 작용할 수 있으며, 이런 위협은 경제 불황과 사회 불안을 불러일으킬 것이라 주장합니다. 더불어 공원, 교통, 교육과 기타 공공 편의시설에 대한 투자를 통해 정신적 풍요로 나아가고 부의 양극화 문제를 완화해야 한다고 제안합니다.

갤브레이스는 《풍요한 사회》에서 민간 부문 생산량이 민간 수요를 넘어서는 수준에 도달할 경우, 재고 문제를 해결하기 위해 기업들은 인위적으로 소비자 욕망을 자극하거나 군사적인 방법을 동원해 강압적으로 해외 시장에 제품을 팔아넘기려는 동기가 형성될 수 있음을 지적했습니다. 그리고 이를 방지하기 위해 공공 부문 지출을 늘림으로써 민간 부문 생산 역량을 활용하면서도 국민의 삶의 질을 높일 수 있는 혼합 경제 체제가 도입돼야 한다고 주장했습니다.

《풍요한 사회》는 부의 공정한 재분배와 사회적인 평등 추구의 중요성을 강조한 경제 고전입니다. 이 책은 부의 불평등과 경제 성장의 모순과 관련하여 현대 사회를 비판적으로 바라보며, 정부와 시민사회의 중요성을 강조하고 더 공정하고 안정된 사회를 구축하는 방향으로 우리 사회를 나아가게 한다는 데 그 의의가 있다고 할 수 있습니다.

현대 사회를 살아가며 나와 다른 누군가, 특히 가난한 이웃들, 소외된 이웃과 함께 풍요한 사회를 만들고 살아가려면 그들의 작은 목소리를 귀 기울여 들을 수 있어야 합니다. 이 책을 통해 사회를 분석하는 다양한 기준을 발견하고, 자신의 경제적 이념이나 가치관 검하는 기회로 삼는다면 좋겠습니다.

도서 분야	경제	관련 과목	통합사회, 경제, 정치, 사회문제 탐구	관련 학과	사회학과, 경제학과, 정치외교학과

▶ **기본 개념 및 용어 살펴보기**

경제학의 기본 개념 및 용어

개념 및 용어	의미
사회적 균형	공공재와 사적 재화 사이의 균형
빈곤	단순히 물리적인 빈곤뿐만 아니라, 사회적, 교육적, 그리고 문화적인 측면에서의 불평등과 부족함을 나타내며 존 케네스 갤브레이스는 이러한 빈곤에 대한 사회적 이해와 비판을 제시하며 현대 사회의 문제를 조명함.
부의 양극화	부의 양극화는 소득과 부의 분포가 극단적으로 불평등해지는 현상을 의미하며 소수의 부유층이 대부분의 자원을 소유하고 다수의 사람들이 상대적으로 빈곤해지는 상황을 설명함. 갤브레이스는 이러한 양극화가 사회적 불안정을 초래하고 공공 복지의 저해 요인이 된다고 주장함.

▶ **시대적 배경 및 사회적 배경 살펴보기**

1958년에 출간된 '풍요한 사회'는 1950년대 미국이 경제적으로 호황을 누리면서 나타난 소비 문화와 부의 불균형에 주목한 책이다. 제2차 세계대전 이후 미국은 경제적으로 번영하는 시기를 맞이했는데 이로 인해 소비 문화가 강조되며 소비가 경제 성장의 주요 동력이 되었다. 하지만 그러한 경제적 호황에도 불구하고, 부의 불균형이 뚜렷해졌으며 이는 사회적 갈등으로 나타났다. 갤브레이스는 당시 일부 사회적 문제가 부의 분배와 관련되어 있음을 지적하며, 이러한 문제들을 해결하기 위해 사회적 대응과 정부의 역할이 필요하다고 주장했다. 이러한 배경에서 '풍요한 사회'는 경제적인 풍요와 함께 사회적 불평등과 소비 문화에 대한 비판적 시각을 제시하며, 정부의 역할과 사회적 책임에 대한 논의를 이끌어 냈다.

현재에 적용하기

책에서 말하는 '풍요한 사회'의 모습을 현대에 실현하기 위해 우리가 할 수 있는 것들을 찾아보고. 진정한 풍요한 사회는 어떤 모습인지 그려보자.

생기부 진로 활동 및 과세특 활용하기

▸ 책의 내용을 진로 활동과 연관 지은 경우(희망 진로: 경제 정책 분석가)

'풍요한 사회(존 케네스 갤브레이스)'를 읽고 풍요의 의미에 대해 경제학적 개념을 탐색하고 핵심 사상을 연결 지어 고전 탐구 보고서를 작성함. 정책 제안 및 분석가로서의 진로를 꿈꾸는 학생으로 갤브레이스가 주장한 정부의 역할에 대해 깊이 고찰하고, 현 사회에 적용할 만한 정책 제안이나 정치 참여를 통해 부의 불평등을 완화하고 지역 사회의 발전에 기여할 수 있는 방안을 담은 자신만의 경제 에세이를 작성하여 제출함. 특히 갤브레이스가 주장한 사회적 불평등이 부의 분배와 관련되어 있다는 데에 공감하며 사회적 불평등 해소를 위한 비영리 단체 참여를 독려하는 캠페인 활동에 참가하는 등 행동하는 경제학도로서 열정이 돋보임. 공감을 통한 사회적 실천을 통해 심미적 감성 역량과 공동체 역량을 여실히 보여줌. 경제적 풍요와 불평등에 대한 갤브레이스의 비판적 시각에 주목하고, 기업의 사회적 책임의 중요성을 강조하며, 기업이 이익 추구뿐만 아니라 사회적 책임을 고려하며 활동하면서 지속 가능한 발전을 이끌어내야 함을 주장하는 글을 작성하여 친구들로부터 높은 호응을 받음.

▸ 책의 내용을 사회 교과와 연관 지은 경우

변화하는 경제 상황을 나타내는 다양한 경제 지표에 대해 학습하며 제시된 문제를 해결하고자 노력하는 모습을 보임. 또한 사회에서 일어나는 현상의 의미와 그 사회의 경제에 관심이 많은 학생으로, 경제 고전을 즐겨 읽고 경제 독서 서평 쓰기에 열심히 참여함. 그중 '풍요한 사회(존 케네스 갤브레이스)'를 읽고 교과서 심화 활동으로 연계된 경제 고전 서평 발표 활동에 참여하여 우리 사회의 현 상황을 진단하는 활동을 함. 경제적 측면에서 우리 사회를 볼 때 풍요가 일부에 편중되고 양극화가 심화되고 있다며, 오늘날 우리 사회의 구체적인 사례를 제시하며 친구들의 관심을 이끎. 상대적 빈곤과 그로 인해 박탈감을 가질 수밖에 없는 사회 현실을 비판하며 자본주의 사회는 부의 편중은 필연적이기에 빈곤층에 대한 생산된 재화의 분배가 시급함을 주장하는 경제 에세이를 완성하여 큰 호응과 공감을 받음. 이에 더해 전 세계 빈곤 퇴치 운동을 주장하는 카드뉴스를 제작하여 SNS에 올리는 등 더불어 살아가는 행복한 사회를 도모하는 것에 앞장서는 청소년 사회학자로서의 모습에서 실천력이 매우 돋보이며 공동체 역량과 미래 사회 역량이 우수한 학생임을 확인함.

▸ 책의 제목이자 핵심 개념인 '풍요한 사회'와 관련하여, '우리가 살고 있는 이 사회가 진정한 의미에서 풍요하다고 말할 수 있을까?', '진정한 풍요함이란 어떤 것일까?'를 주제로 모둠별 토론을 진행해 보자.

▸ 경제적 상황에서 정부의 개입과 역할에 대해 시대에 따라, 경제학자에 따라 각각 다른 의견을 제시하고 있다. 이에 대해 자료 조사하여 경제 상황에 대응하는 정부의 역할에 관해 비교 분석하는 보고서를 작성해 보자.

▸ 책에서 저자가 우려하고 있는 부의 분배 문제나 사회적 불평등과 관련하여 이에 대한 해결책이나 개선 방안에 대해 고민해 보고 자유롭게 모둠별로 토의해 보자.

▸ 경제 주체인 소비자로서 지속 가능하고 사회적으로 책임 있는 소비를 하기 위해서는 어떻게 해야 하는지, 소비자의 역할과 책임에 대해 고찰해 보자.

▸ 존 케네스 갤브레이스의 또 다른 명저 '불확실성의 시대'를 읽고 그의 경제학의 주요 개념을 비교하는 서평을 작성해 보자.

함께 읽으면 좋은 책

존 케네스 갤브레이스 《대폭락 1929》 일리, 2008.

존 케네스 갤브레이스 《불확실성의 시대》 홍신문화사, 2011.

존 케네스 갤브레이스 《경제의 진실》 지식의날개, 2007.

비이성적 과열

로버트 쉴러 ▸ 알에이치코리아

《비이성적 과열》은 금융 시장에서의 투자와 경제에 관한 이야기를 다룬 책입니다. 투자자들이 언제나 합리적으로 행동하지는 않는다는 측면에 주목하며, 금융 시장의 폭발적인 성장과 그에 따른 과열을 다루고, 주식 시장의 동향과 금융 거품에 대한 이해와 분석을 제시하는 책입니다. 저자 쉴러는 주식 시장에서 이성보다 감정이 의사 결정을 주도하고 비합리적인 과열 양상이 나타나는 경향을 지적하며, 금융 거품의 형성과 붕괴에 대해 이야기합니다.

저자 로버트 쉴러[Robert J. Shiller, 1946~]는 경제학 분야 중에서도 금융 시장에서의 투자와 경제의 불확실성에 대한 연구로 유명합니다. 그의 연구는 특히 경제학적 예측의 한계와 금융 시장의 이성적이지 않은 특성에 대한 이해를 높이는 데 기여했습니다. 1980년대 초반 부동산 가격의 불안정성에 관한 연구를 시작했던 쉴러는 이후 1990년대에는 주식 시장의 거품과 관련된 개념을 탐구하면서 '금융 거품Financial Bubble'이라는 용어를 널리 알리기도 했습니다. 그는 금융 시장에 대한 깊이 있는 통찰로 2013년에 노벨 경제학상을 수상하였습니다.

로버트 쉴러의 《비이성적 과열》은 세계적으로 주식 시장의 호황기였던 2000년 초에 출간되었습니다. 번영의 꿈에 부풀어 있던 당시 분위기 속에서 쉴러는 주식 시장에서 긍정적인 감정과 과도한 낙관주의가 지속되는 현상에 관심을 갖게 되었습니다. 그리고 주식 시장의 금융 거품 현상과 이에 따른 위험성을 경고하고, 이를 예측하고 대응할 방법을 제시하는 《비이성적 과열》을 출간했습니다.

이 책은 크게 총 5부로 구성되어 있습니다. 1부는 시장의 버블을 일으킨 구조적 요인들을 분석합니다. 2부는 투기적 버블의 구조를 더욱 강화하는 문화적 요인들을 고찰하며, 3부는 시장 행태의 이면에 존재하는 심리적 요인들을 살펴봅니다. 4부는 시장의 버블을 정당화하는 학자들과 대중적인 저자들의 시도에 대해 분석하며, 마지막으로 5부는 투기적 버블이 개인 투자자와 기관, 그리고 정부에 대해 가지는 의미에 대해 살펴봅니다.

로버트 쉴러에 따르면 '비이성적 과열irrational exuberance'이라는 용어가 처음 사용된 것은 1996년 12월 앨런 그린스펀 전 연방준비제도 의장에 의해서였습니다. 그가 평범한 연설에서 사용한 두 단어에 대해 시장이 보인 반응은 '비이성적 과민$^{irrational\ hypersensitivity}$'이라고 해도 좋다는 것입니다. 이후 '비이성적 과열'이라는 용어는 투자 시장에서 '합리적으로 이해되지 않는 폭락과 폭등'을 아우르는 정식 용어로 자리매김하게 되었습니다.

2000년에 들어서 주식 시장이 고공 행진하자 비이성적 과열이 다시 대두됩니다. 즉 지금 주가가 실질 경제를 반영한 것인지 아니면 비이성적 과열이라 부를 만한 어떤 영향의 결과인지에 대해 질문이 쏟아지기 시작했습니다. 이에 쉴러는 주식이든 부동산이든 시장 변동의 진정한 결정 요인이 무엇인지, 그리고 어떻게 시장의 변동이 경제와 우리의 삶에 영향을 미치는지 성찰해 보기로 결심하게 됩니다.

그는 주식 시장과 주택 시장을 포함한 모든 투기적 시장에 적용되는 버블 이론을 탐색합니다. 쉴러에 따르면 버블 경제를 유발하는 촉발 요인이 있습니다. 예를 들어, 인터넷 붐, 온라인 거래의 성장, 공화당 주도 의회가 입안한 투자소득세의 감세 등은 역사적인 폭등이 시작될 때 발생한 사건들이었습니다. 또한 확정기여형 펜션 플랜의 성장이나 뮤추얼펀드의 성장, 인플레이션의 하락, 거래량의 증가 등도 관련되어 있습니다. 그는 촉발 요인들이 시장의 상승과 하락을 이끌기 위해서는 이 요인들의 효과를 퍼져나가도록 조장하는 증폭 메커니즘이 필요하다고 주장합니다. 그중에 하나는 투기적 버블입니다.

쉴러는 이에 영향을 미치는 요인으로 문화적 요인과 심리적 요인이 있다고 설명합니다. 문화적 요인에서 중요한 것이 뉴스 매체입니다. 쉴러는 언론이 대중의 관심과 사고의 범주를 만들어 내고 우리가 목격하는 주식 시장과 투기적 사건들이 발생하는 환경을 창출한다고 강조합니다. 일종의 자기충족적 예측self-fulfilling prediction으로, 즉 뉴스 매체가 영향력을 끼치고자 하는 방향으로 기사를 흘리는 것입니다.

쉴러는 문화적 요인에 의해 진실과 왜곡이 교묘히 조장될 때 어떻게 일관되고 독립적인 판단을 할 수 있는지가 관건이라고 주장합니다. 결국 인간의 능력과 본성에 관한 우리의 관점에 달려 있다는 것입니다. 즉 마음먹기에 따라 홀릴 수도 있고, 이성적 판단을 내릴 수도 있다는 뜻입니다.

다음으로 심리적 요인이 투자에 미치는 영향을 설명합니다. 사소하고 거의 보이지 않는 핵심 투자자들이 결국 시장의 수준을 결정하고, 투자자들의 과신이 이 핵심 투자자들의 영향력을 강화시킨다는 것입니다. 또한 무리 짓기 행위와 사고의 전파 등과 같은 정보 캐스케이드 현상이 비합리적인 집단의 행동을 만들어 낸다고 지적합니다.

결론적으로《비이성적 과열》은 금융 시장, 특히 주식 시장과 부동산 시장에서의 대규모 가격 변동을 설명하기 위해 행동 금융학의 관점을 도입한 책으로, 시장의 과열이 경제에 미치는 잠재적인 위험을 경고합니다. 이 책은 경제의 기본적인 건전성을 해치고 장기적인 성장을 저해할 수 있는 버블의 위험을 강조하며, 이러한 위험을 방지하기 위해 정책 입안자와 투자자들의 역할에 대해 논의하고 그 방향성을 제시한다는 점에서 의미가 큽니다.

이 책을 통해 경제학적 관점에서 금융 시장을 이해하고, 이를 토대로 예비 투자자와 예비 정책 입안자의 입장에서 꼭 필요한 통찰력을 길러 보면 좋겠습니다.

도서 분야	경제	관련 과목	통합사회, 경제, 금융과 생활	관련 학과	사회학과, 경제학과, 금융학과

▸ **기본 개념 및 용어 살펴보기**

경제학의 기본 개념 및 용어

개념 및 용어	의미
버블	버블Bubble은 금융 시장에서 자산의 가격이 기대 이상으로 높아지면서 형성되는 과도한 평가. 주식이나 부동산 시장에서 흔히 나타나며 이러한 거품은 투자자들의 기대와 실제 가치 간의 불균형을 나타냄.
정보 캐스케이드	정보 캐스케이드Information Cascade는 다수의 개인이 자신의 정보로 의사 결정을 하는 대신 다른 사람의 선택이나 동향을 따르는 현상. 특히 금융 시장에서 투자 결정이나 시장의 흐름을 따라가는 상황에서 나타날 수 있음.
비이성적 과열	비이성적 과열Irrational Exuberance은 투자자들이 실제 가치보다 과도하게 낙관적인 심리에 휩싸여 자산 가격이 급등하는 현상을 의미함. 쉴러는 이러한 과열이 투기적 거품을 형성하고 결국에는 시장 붕괴로 이어질 수 있다고 경고함.
행동 금융학	전통적인 금융 이론이 인간의 비합리적 행동을 설명하지 못하는 부분을 보완하기 위해 인간의 심리와 행동을 연구하는 학문

▸ **시대적 배경 및 사회적 배경 살펴보기**

'비이성적 과열'이 출간된 시기는 2000년대 초반으로, 닷컴 버블의 붕괴와 주식 시장의 큰 변동이 있던 때였다. 이 시기에는 정보 기술 업체들의 주가가 급등하며 투자 열풍이 불었고, 많은 투자자가 주식 시장에서 큰 이익을 얻을 것으로 기대했다. 하지만 이러한 낙관주의와 과도한 투자로 인해 닷컴 버블이 붕괴되고 주식 시장에 큰 변동이 발생하였다. 이와 함께 사회적으로는 주식 시장에 대한 대중의 흥미와 참여가 증가하면서 투자에 관심이 높아지고, 개인 투자자들이 대규모로 시장에 진입하게 되었다. 이에 따라 주식 시장의 동향과 금융 거품에 대한 이해와 경고의 필요성이 대두되었다. 이러한 배경에서 출간된 '비이성적 과열'은 주식 시장의 동향과 투자자의 행동을 분석하고 예측할 수 있는 모델을 제시하며 투자자들이 좀 더 이성적으로 행동하고 금융 거품에 대비할 수 있도록 인사이트를 제공하였다.

현재에 적용하기

책에서 다룬 투자와 금융 시장에 대한 이성적인 접근과 관련된 다양한 이론을 현재의 금융 환경에 맞추어 적용해 보고, 안전하고 지속 가능한 금융 전략을 수립해 보자.

생기부 진로 활동 및 과세특 활용하기

▶ 책의 내용을 진로 활동과 연관 지은 경우 (희망 진로: 자산 관리사)

'비이성적 과열(로버트 쉴러)'을 읽고 책 속에 등장하는 경제 용어의 의미에 대해 자료 조사하고, 개념 보고서를 작성하여 발표함. 특히 버블과 금융 버블의 개념을 자세하게 설명하고, 다양한 사례에 적용하는 상황을 스토리보드로 제작하여 친구들에게 소개하며 매우 전달력 높은 발표를 수행함. 장래에 '자산 관리사'를 꿈꾸는 학생으로서 평소 경제 분야에 대한 관심이 많아 경제 고전으로부터 지혜를 얻고자 노력함. 독후 연계 활동으로 투자자의 행동 및 시장의 특징을 고려한 금융 시장 분석 보고서를 작성해 보고, 비이성적인 행동, 심리학적 측면에서의 투자 결정 등을 연구하고 새로운 행동 경제 모델을 개발해 보고 싶다는 포부를 밝히는 등 열정적인 경제학도로서의 모습이 돋보임. 경제 금융 동아리의 리더로서 구성원을 모집하여 자신의 지식을 정리하고 실천하는 노력을 보임. 특히 구성원들과 함께 서로의 지식을 나누고 배우려는 의사소통 역량이 드러남. 아울러 이를 동아리 부원들과 함께 포스터로 작성하여 전시 활동을 통해 배움을 나누려 노력하는 적극적인 모습이 인상적임. 행동경제학에 대해 알아보면서 진로에 대해 더 많은 관심을 가지고 항상 노력하는 자세를 가져야겠다고 다짐하는 소감문을 작성하여 학급 친구들 앞에서 발표하여 큰 호응을 얻음.

▸ 책의 내용을 사회 교과와 연관 지은 경우

평소 금융과 경제 생활에 관심이 많고 관련 단원의 교과서에서 배운 사회 교과의 실제 내용을 탐구하고자 친구들과 팀을 이루어 '교과서 속으로 탐구 여행'을 기획하고 금융 계획을 세워 계획서를 작성함. 경제 고전 속에서 금융과 실천이라는 주제로 해답을 찾아 발표함. 그중 '비이성적 과열(로버트 쉴러)'을 읽고 경제 교육의 기초 개념과 경제 용어를 정리한 경제 단어장을 작성하고, 금융 시장과 금융 거품에 대한 이해를 바탕으로 합리적인 금융 결정을 내릴 수 있는 자질과 역할을 안내하는 책자를 만들어 친구들에게 큰 호응을 받음. 또한 금융 문해력 퇴치 캠페인 활동을 통해 금융 거품에 대한 경각심을 가지고 자신의 금융 상황을 더 잘 이해하고 관리할 수 있는 청소년을 응원한다는 의미를 담은 메시지를 전달하여 미래 경제 활동가로서의 역량을 함양함. 금융 시장에서의 윤리적인 행동과 책임을 이해하고, 윤리적인 리더십을 발휘해 보고 싶다는 포부를 담은 경제 에세이를 작성하여 제출함. 이뿐만 아니라 경제 고전 독서의 중요성을 담아 캠페인 자료를 제작하고 학급 경제 게시판에 게시하여 홍보하는 등 행동하는 경제학도로서의 모습을 보임.

후속 활동으로 나아가기

▸ 금융 용어와 개념에 대한 이해도를 높이기 위해 금융 문해력 향상을 도모하는 프로젝트에 참여해 보자.

▸ 투자의 중요성과 투자 관련 지식을 알리고, 투자에 대한 올바른 인식을 형성할 수 있도록 돕는 투자 리터러시 캠페인 활동에 참여해 보자.

▸ 금융 시장에서의 불균형과 예측 불가능한 변동성에 대처하면서 효과적으로 투자할 수 있는 전략을 고민해 보고, 어떻게 자산을 다양화하고 리스크를 관리할 수 있을지 고려하며 자신만의 투자 전략 수립 계획서를 작성해 보자.

▸ 금융 정책이 사회에 어떤 영향을 미치는지 고민해 보고, 특히 금융 위기나 거품 발생 시 정부나 중앙은행이 어떻게 대응해야 하는지에 대해 토의해 보자.

▸ 글로벌 금융 시장에서 일어나는 동향과 국가나 지역별로 다른 금융 시장의 특성을 탐구해 보고, 글로벌 금융 시장에서 국가나 지역 금융 시장의 특성이 어떤 영향을 미치는지에 대한 보고서를 작성해 보자.

함께 읽으면 좋은 책

로버트 쉴러, 조지 애커로프 《**야성적 충동**》 랜덤하우스코리아, 2009.
로버트 쉴러 《**내러티브 경제학**》 알에이치코리아, 2021.
로버트 쉴러 《**새로운 금융시대**》 알에이치코리아, 2013.

정치경제학과 과세의 원리에 대하여

데이비드 리카도 · 책세상

경제학자 데이비드 리카도가 쓴《정치경제학과 과세의 원리에 대하여》는 경제학과 정치학의 교차점에 위치한 '과세'에 대해 과세 정책의 원리와 경제적 영향을 분석한 내용으로, 과세의 효율성, 공정성, 경제 성장률과의 관계 등에 대해 이야기하는 책입니다.

저자 데이비드 리카도David Ricardo, 1772~1823는 영국의 대표적인 고전학파 경제학자로, 고전 경제학의 이론 체계를 완성한 업적으로 가장 잘 알려져 있습니다. 특히 그의 주요 이론 중 하나인 '비교우위 이론'은 국가 간의 무역 발생의 원리를 설명한 이론으로 유명합니다. 그는 고전학파의 창시자인 애덤 스미스의 이론을 계승하면서 이후 현대 경제 이론의 발전에도 큰 영향을 미쳤습니다.

데이비드 리카도의 《정치경제학과 과세의 원리에 대하여》가 출간된 19세기 초는 산업 혁명의 영향으로 영국을 비롯한 유럽 국가들이 경제적으로 급속한 변화를 겪던 시기였습니다. 이는 무역과 산업의 확대, 자본의 축적 등을 통해 경제적 부와 성장을 가져왔지만, 동시에 사회적인 불평등과 분쟁을 야기하기도 했습니다. 이런 사회적인 문제에 대한 해결책을 찾기 위해 경제학과 정치학의 관점을 결합한 분배에 관한 정의가 필요했고, 이러한 경향이 《정치경제학과 과세의 원리에 대하여》의 출간 배경이 되었습니다.

리카도의 《정치경제학과 과세의 원리에 대하여》의 핵심 내용은 분배가 중심이 되는 경제 체제에 관한 이론 정립입니다. 리카도는 경제 성장이 지대(지주), 이윤(자본가), 임금(노동자) 사이의 분배와 긴밀하게 연결되어 있다고 보았습니다. 그는 지대, 이윤, 임금 간의 상호작용이 경제 전체의 생산성과 분배에 큰 영향을 미친다고 주장했습니다.

지대는 토지의 사용으로 인해 지주에게 지급되는 금액으로, 토지의 비옥도와 위치에 따라 결정됩니다. 리카도는 한계 생산성 법칙을 적용해, 토지가 비옥할수록 지대가 높아진다고 설명했습니다. 이는 지주가 가져가는 몫을 증가시키고, 자본가와 노동자에게 돌아가는 몫을 줄이는 결과를 초래합니다.

이윤은 자본가가 생산 활동을 통해 얻는 수익으로, 자본 투자와 관련이 깊습니다. 초기에는 이윤이 높지만, 시간이 지남에 따라 지대와 임금이 상승하면서 감소하는 경향이 있습니다. 자본가의 이윤 감소는 경제의 성장 속도를 둔화시키는 요인이 될 수 있습니다.

임금은 노동자가 노동을 제공하고 받는 보수로, 주로 생계비와 관련이 있습니다. 리카도는 임금이 생계비 수준에서 결정되는 경향이 있다고 주장했습니다. 경제가 성장하면서 임금이 상승할 수 있지만, 지대 상승이 임금 상승을 상쇄할 수 있습니다.

리카도의 이론에서 중요한 점은 이 세 가지 요소가 상호 연관되어 있다는 것입니다. 지대, 이윤, 임금 간의 분배 관계는 경제 정책 설계에 중요한 시사점을 제공합니다. 예를 들어, 리카도는 지대에 대한 과세를 통해 지주의 부를 조정하고, 이를 통해 자본가와 노동자의 몫을 증가시켜 경제의 균형을 맞출 수 있다고 주장했습니다. 이는 경제 성장과 공정한 분배를 달성하기 위한 중요한 경제 정책의 기초를 제공하기에 의미가 있습니다.

한편 데이비드 리카도는 비교우위 개념을 활용해 무역을 통해 이익을 얻을 수 있음을 강조하였습니다. 그의 비교우위 이론은 국가 간 무역의 이익을 설명하는 경제 이론으로, 만약 한 나라가 어떤 재화 생산에 있어 상대국보다 절대우위에 있다고 해도 각 국가가 상대국에 비해 더 적은 기회비용으로 생산할 수 있는 상품을 특화하면 상대적 우위를 지닐 수 있으며, 자국이 비교우위에 있는 재화와 용역을 특화하면 두 나라 모두 무역에서 서로 이익을 얻을 수 있다는 것을 말합니다.

예를 들어, 포르투갈은 와인을 생산하는 데 80시간, 의류를 생산하는 데 90시간이 걸리고, 영국은 와인을 생산하는 데 120시간, 의류를 생산하는 데 100시간이 걸린다고 가정해 봅시다. 이 경우 포르투갈은 와인 생산이 비교우위에 있으며, 영국은 의류 생산이 비교우위에 있습니다.

▸ 포르투갈과 영국의 와인과 의류 생산에 필요한 시간

	포르투갈	영국
와인	80시간	120시간
의류	90시간	100시간

포르투갈은 영국보다 낮은 기회비용으로 와인을 생산할 수 있으며, 영국은 포르투갈보다 낮은 기회비용으로 의류를 생산할 수 있는 것입니다. 따라서 포르투갈은 와인 생산에, 영국은 의류 생산에 집중한 후, 두 나라가 무역을 통해 교환하면 자원을 효율적으로 사용할 수 있습니다. 이를 통해 포르투갈과 영국 모두 경제적 이익을 극대화할 수 있습니다.

이처럼 리카도는 두 나라 사이에서 한 나라가 두 재화 생산 모두에서 절대우위를 갖는 경우에도 양국이 비교우위를 갖는 어느 한 재화에 특화하여 무역하는 것이 양국 모두의 이익을 증가시킬 수 있다고 이야기합니다. 이는 비교우위를 통해 무역이 각국의 생산성과 자원 배분을 향상시킨다는 점을 보여줍니다. 그의 비교우위 이론은 국제 무역 이론의 기초를 마련하였고, 각국이 자국의 비교우위를 활용해 무역을 통해 경제적 이익을 극대화할 수 있음을 설명했습니다.

리카도는 고전 경제학의 주요 인물로서, 경제학의 역사에서 중요한 위치를 차지합니다. 리카도의 《정치경제학과 과세의 원리에 대하여》는 지대, 이윤, 임금 간의 분배 문제를 중점적으로 다루며 경제 성장과 분배의 관계를 명확히 하였으며, 지대에 대한 과세를 통해 자원의 효율적 배분과 경제적 불평등의 완화를 제안했습니다. 또한 리카도의 비교우위 이론은 자유무역의 중요성을 강조하며 각국이 무역을 통해 자원의 효율성을 높일 수 있다는 점을 제시하였고, 그러한 그의 사상은 현대 경제학과 국제 무역 정책에 큰 영향을 미쳤습니다.

결론적으로 《정치경제학과 과세의 원리에 대하여》에서 리카도는 세금 정책이 부의 재분배와 경제 안정성에 어떻게 영향을 미치는지에 대한 미시적인 이해를 강조하며, 부의 재분배의 필요성을 인정하면서도 그 한계를 경고했습니다. 또한 정부가 세금 정책을 통해 부의 재분배와 경제 안정성을 조절하면서도 균형을 유지해야 한다고 강조했습니다. 리카도의 이러한 주장은 자유 시장 경제에서 세금 정책이 사회적 불평등에 미치는 영향을 포괄적으로 이해하는 데 중요한 역할을 합니다.

이 책을 통해 경제 구조의 변화와 사회적 불평등의 해소를 목표로 경제학과 정치학의 이론과 실제를 결합한 과세 정책을 통해 사회적 목표를 달성할 수 있는 방법을 제시해 보면 좋겠습니다.

도서 분야	경제	관련 과목	통합사회, 경제, 정치, 금융과 생활	관련 학과	사회학과, 경제학과, 정치외교학과

고전 필독서 심화 탐구하기

▶ 기본 개념 및 용어 살펴보기

경제학의 기본 개념 및 용어

개념 및 용어	의미
비교우위 이론	비교우위 이론theory of comparative advantage은 국가 간의 무역에서 특정 상품이나 서비스를 생산하는 데 있어 효율성이 높은 국가가 다른 국가보다 상대적 이점을 가진다는 원리로 두 국가 간의 생산성 차이가 있을 때, 양 국가가 상대적으로 강점을 가지고 적은 기회 비용이 드는 특정 상품을 특화하여 생산하고 교환함으로써 양 국가가 모두 이익을 얻을 수 있다는 개념을 기반으로 함
자유무역	국가 간 상품과 서비스의 교역에서 관세, 수입 제한 등 인위적인 장벽을 최소화하는 무역 정책
고전 경제학	18세기 후반에서 19세기 초반에 형성된 경제학의 주요 학파로, 자유시장, 노동가치설, 경쟁의 중요성을 강조

▶ 시대적 배경 및 사회적 배경 살펴보기

'정치경제학과 과세의 원리에 대하여'의 시대적 배경은 18세기 말부터 19세기 초에 이르는 산업 혁명 시기이다. 이 시기에는 기계화와 산업화가 급속하게 진행되었고, 이로 인해 경제 구조와 사회 구조에 큰 변화가 발생했다. 산업 혁명은 농업과 수공업에서 공장 생산으로의 전환을 이끌었으며, 국가 간의 무역과 금융 시스템의 발달로 경제적 교류가 확대되었다. 이러한 시대적 변화는 경제적으로는 부와 불평등의 증가를 가져왔다.

산업화와 자본의 축적은 일부 사람들에게는 큰 부를 가져다주었지만, 동시에 노동자들의 노동 조건과 사회적 지위를 악화시키는 요인이 되었다. 이로 인해 사회적인 불평등과 분쟁이 심화되었고, 이를 해결하기 위한 정책과 제도의 필요성이 대두되었다. 리카도의 '정치경제학과 과세의 원리에 대하여'는 이러한 시대적 배경과 사회적 문제에 대한 대응책을 모색하는 책이다.

현재에 적용하기

리카도의 경제학 원리를 현실적으로 활용하는 방법에 대해 고민하고 지속 가능한 세금 정책의 설계와 관리를 직접 구상해 보자.

▸ **책의 내용을 진로 활동과 연관 지은 경우**(희망 진로: 경제학 연구원)

'정치경제학과 과세의 원리에 대하여(데이비드 리카도)'를 읽고 책 속에 등장하는 다양한 경제 용어의 의미에 대해 자료 조사하고, 개념 보고서를 작성하여 발표함. 그중 과세 균형에 대해 이해하기 쉽게 잘 정리하고 친구들에게 전달하는 등 자신의 희망 진로인 경제학 연구원으로서의 역량과 자질을 함양함. 경제고전 독후감 쓰기 활동에서 세금 정책을 지속 가능하고 공정하게 조절하는 것은 리카도의 원리를 현실적으로 활용하는 한 방법이라고 주장하며 책에서 다루는 세금 정책과 부의 재분배의 원리를 심층적으로 이해하고 경제학 연구원이 되어 정부 정책 및 사회 경제적 문제에 대한 연구를 수행하는 경제학자가 되고 싶은 포부를 표현하는 등 적극적인 미래 경제학도로서의 열정이 돋보임. 이어서 경제 주체의 종류 및 역할 탐구하기 활동에서 경제 활동 주체인 가계, 기업, 정부에 대해 명확히 서술하였으며, 각 주체의 목표를 논리적으로 요약한 점이 돋보임. 특히 정부의 소득 재분배 역할을 강조하여 경제적 불평등을 완화하기 위해서 세입 측면의 누진세제 실시, 세출 측면의 사회보장제도 실시 등이 필요함을 강조하여 서술한 점이 우수함. 변화하는 경제 상황을 나타내는 다양한 경제 지표에 대해 학습하여 제시된 문제를 해결하고자 노력하는 모습을 보임.

▸ 책의 내용을 사회 교과와 연관 지은 경우

사회에서 일어나는 다양한 금융 및 재정 현상에 관심이 많은 학생으로, 정치경제학 분야의 기초 개념을 정립하기 위해 경제 고전을 읽고 탐구함. '정치경제학과 과세의 원리에 대하여(데이비드 리카도)'를 읽고 세금 정책, 부의 재분배, 정부의 경제 개입을 독후 심화활동 세부 주제로 선정하고 리카도의 이론이 적용되는 실제 사회 현상을 분석해 보는 경제 탐구 보고서를 작성함. 특히 부의 재분배와 세금 정책이 사회적 불평등에 어떻게 영향을 미치는지를 인상 깊게 보고, 사회교과 수업에서 학습한 사회적 불평등 문제에 대해 고찰하는 기회를 가지게 되었다고 독후 감상문에 작성함. 경제 고전 깊게 읽기 활동을 통해 현대 사회에서 발생하는 경제적 문제와 정책적 고민에 대한 깊은 이해를 토대로 경제 동아리 활동의 일환으로 진행된 사회경제적 인식 강화 캠페인 활동에 참여하여 친구들에게 경제적 현상에 대한 논쟁과 토론의 기회를 제공하여 동아리 부원들이 자율적이고 비판적인 사고를 키울 수 있는 배움의 장을 도모함.

▸ 리카도가 주장하는 이론을 현재 우리나라 경제에 접목시켜 대입하고 분석하여 부의 재분배와 경제 불평등을 해소하기 위한 방안을 제시하는 경제 에세이를 작성해 보자.

▸ 가상의 '세금 시스템 만들기' 프로젝트 활동에 참여해 보자. 예를 들어, 특정 국가의 정부로 가정하고 예산을 작성한 다음, 세금 정책을 결정하고, 세금이 예산 및 경제에 어떻게 영향을 미치는지 탐색해 보자.

▸ 세금 회피의 윤리적 측면에 대해 논의해 보자. 세금 회피의 여러 형태와 이로 인한 사회적 영향을 탐구하고, 어떻게 세무 도덕성을 향상시킬 수 있는지에 대해 토의해 보자.

▸ 부의 재분배를 시뮬레이션하는 게임이나 활동을 모둠별로 기획하고 진행해 보자. 모둠별 각자 다른 수준의 '부'를 가지고 시작하여 세금 정책을 통해 부의 재분배가 어떻게 이루어지는지 간접 경험하는 실전 경제 활동을 진행해 보자.

▸ 환경세, 사회적 프로그램 지원 등과 같은 세금 정책이 지속 가능한 발전에 어떻게 기여할 수 있는지에 대해 조사하고 이를 발표해 보자.

함께 읽으면 좋은 책

알프레드 마셜 《경제학 원리》 한길사, 2010.

존 메이나드 케인스 《고용, 이자, 화폐의 일반이론》 비봉출판사, 2007.

조셉 스티글리츠 《불평등의 대가》 열린책들, 2013.

공 유 의 비 극 을 넘 어

엘리너 오스트롬 ▸ 랜덤하우스코리아

《공유의 비극을 넘어》는 공유 자원에 대한 관리 문제를 새로운 시각으로 탐구한 책으로, 공유 자원이 과다 이용되어 소진되는 '공유의 비극'이라는 전통적인 관점에 대해 반론을 제시하며 공유 자원의 지속 가능한 관리 방안에 관해 이야기합니다. 이 책은 지속 가능한 자원 관리에 대한 기존 이론을 뒤엎고 지역 사회와 협력을 강조한 혁신적인 접근으로 평가받습니다. 생태학과 경제학 분야에서 환경 문제와 지역 사회의 역할에 대한 깊은 통찰을 제시하는 경제 고전입니다.

저자 엘리너 오스트롬Elinor Ostrom, 1933~2012은 경제학, 정치학, 공공 정책 등 다양한 분야에서 교수로 재직하며 연구와 강의를 했습니다. 오스트롬은 공유 자원의 관리와 지속 가능한 개발에 대한 연구로 가장 잘 알려져 있으며, 이러한 연구로 2009년 올리버 윌리엄슨과 함께 노벨 경제학상을 공동 수상하였습니다. 이로써 그녀는 경제학 분야에서 노벨상을 수상한 첫 번째 여성이자, 공유 자원 관리 연구 분야에서 노벨상을 수상한 첫 번째 학자가 되었습니다.

엘리너 오스트롬의《공유의 비극을 넘어》가 나오게 된 배경은 정부 개입과 시장 메커니즘만으로는 해결하기 어려운 문제에 대한 오스트롬의 비판적 시각에서 출발합니다. 그는 지역 사회와 공동체의 자율적이고 협력적인 접근을 대안으로 제시하며 지속 가능한 자원 관리에 대한 이론적 기초를 확립하고자 이 책을 출간하게 됩니다.

《공유의 비극을 넘어》는 총 6장으로 구성되어 있습니다. 그중 2장에서는 공유 자원의 자치적 관리의 문제를 이론적 개념들을 바탕으로 다음 세 가지의 작은 문제들로 나누어 설명합니다.

첫째, 제도를 공급하는 것 자체가 상위 차원의 집단 행동을 야기하는 것은 아닌가 하는 문제입니다. 오스트롬은 제도 공급이 집단 행동의 원인이 될 수 있다고 주장합니다. 이는 자원을 관리하기 위한 제도를 만들고 유지하는 것이 그 자체로 협력과 합의를 요구하는 어려운 문제라는 의미입니다. 그녀는 성공적인 자치적 관리 시스템을 갖춘 공동체들이 자체적으로 규칙을 만들고, 이 규칙들을 준수하는 문화를 발전시킴으로써 이 문제를 해결할 수 있다고 주장합니다. 이러한 규칙은 공동체 구성원들이 자원을 지속 가능하게 관리할 수 있도록 돕는 역할을 합니다.

둘째, 규칙 위반의 유혹이 상존하는 가운데 사람들은 어떻게 서로의 약속을 신뢰할 수 있는가 하는 문제입니다. 오스트롬은 사람들이 규칙을 위반하려는 유혹이 상존하는 상황에서도 신뢰를 구축할 수 있는 방법을 설명합니다. 그녀는 공동체 내의 신뢰와 상호 이해를 통해 이러한 유혹을 극복할 수 있다고 주장합니다. 이를 위해 공동체 구성원들은 지속적인 상호 작용과 의사소통을 통해 신뢰를 쌓아갑니다. 또한 규칙 위반 시 발생할 수 있는 사회적 제재나 평판의 손실도 사람들이 규칙을 지키도록 유도하는 중요한 요소로 작용합니다.

셋째, 규칙의 준수 여부에 대한 효과적인 감시와 규칙의 위반에 대한 적절한 제재가 있다면 사람들은 다른 사람들도 규칙을 지키리라고 믿게 될 것이지만 어떻게 이러한 감시와 제재의 문제를 외부의 권위에 의존하지 않고 자치적으로 해결할 수 있는가 하는 문제입니다. 오스트롬은 규칙 준수 여부에 대한 감시와 제재를 자치적으로 해결할 수 있는 방안을 제시합니다. 그녀는 공동체 내에서 감시와 제재를 담당하는 역할을 자치적으로 설정하고, 구성원들이 스스로 이러한 역할을 수행하도록 독려할 수 있다고 주장합니다. 이는 공동체 구성원들이 자발적으로 규칙을 감시하고 위반자에 대한 제재를 가하는 시스템을 통해 이루어집니다. 오스트롬은 또한 감시와 제재가 투명하고 공정하게 이루어질 때, 공동체 구성원들은 이러한 시스템의 공정성을 믿고 자발적으로 규칙을 준수하게 된다고 설명합니다.

▸ **성공적인 공유 자원 관리 제도를 위한 8개의 제도 디자인 원리**

1. 명확하게 정의된 경계	5. 점증적 제재 조치
2. 사용 및 제공 규칙의 현지 조건과의 부합성	6. 갈등 해결 장치
3. 집합적 선택 장치	7. 최소한의 자치 조직권 보장
4. 감시 활동	8. 중층의 정합적 사업 단위

이어 3장에서 엘리너 오스트롬은 성공적인 공유 자원 관리 제도의 공통점을 여덟 개의 제도 디자인 원리로 설명합니다. 첫째, 자원의 경계와 사용자 그룹을 명확히 정의해야 합니다. 둘째, 지역적 조건에 맞는 규칙을 설정하여 자원 사용자들이 규칙을 만들고 조정할 수 있도록 해야 합니다. 셋째, 자원 사용자들이 규칙 제정과 수정 과정에 참여할 수 있게 보장해야 합니다. 넷째, 자원 사용과 상태를 지속적으로 모니터링하는 시스템이 필요합니다. 다섯째, 규칙 위반에 대해 점진적인 제재를 가해 규칙 준수를 유도해야 합니다. 여섯째, 갈등 발생 시 신속하고 저렴하게 해결할 수 있는 메커니즘을 마련

해야 합니다. 일곱째, 외부 당국이 자원 사용자들의 자치적 관리 권한을 인정해야 합니다. 마지막으로, 큰 자원 시스템은 여러 층위의 관리 단위로 조직되어 서로 협력하고 조정할 수 있어야 합니다. 이 여덟 가지 원리는 자원의 지속 가능한 관리와 사용자 간 협력을 촉진합니다.

1968년 미국의 생태학자인 개릿 하딘은 공유지의 비극을 목초지를 예로 들어 설명합니다. 모두가 자유롭게 이용할 수 있는 목초지가 있습니다. 목초지의 풀을 절반만 사용하고 절반은 남겨놓는다면 내년에도 해당 목초지에서 양들에게 풀을 먹일 수 있습니다. 그러나 양치기들은 어차피 다른 양치기가 목초지의 풀을 모조리 써버릴 것이라고 예상하며 남들이 다 쓰기 전에 자기 양들이 이 목초지의 풀을 최대한 많이 뜯어 먹게 합니다. 결국 이 목초지의 풀은 마지막 한 포기까지 뜯어먹히며 내년부터는 그 누구도 목초지를 더 이상 사용할 수 없게 됩니다. 이것이 바로 유명한 '공유지의 비극'의 대표 예시입니다.

합리적 개인들의 개인적인 이익의 극대화가 사회적 이익, 즉 후생의 극대화로 이어지지 않는다는 것입니다. 핵심적인 원인은 바로 외부성에 있는데, 공유 자원의 '사용' 측면에서는 한 양치기가 목초지를 이용하는 것은 다른 양치기에게 해를 입히지만, 개인적인 이익만을 극대화하고자 할 때 이러한 사실은 고려되지 않습니다. 또한 공유 자원의 '제공' 측면에서 한 양치기가 목초지에 거름을 주는 것은 다른 양치기들에게 도움이 되지만 개인적 이익만을 극대화할 때는 이런 사실 역시 고려되지 않습니다. 그래서 '목초지의 풀'이라는 공유 자원은 사회적 최적보다 항상 과잉 사용되고 과소 관리되는 것입니다. 하딘은 공유지의 비극을 막기 위해 공유지를 사유화해야 한다고 말합니다. 하지만 이러한 대안은 기후 변화와 같은 모두에게 해당하는 환경적인 재앙을 막기에는 역부족입니다. 엘리너 오스트롬은 하딘의 사유화 주장이 모든 상황에서 효과적이지 않으며, 공동체가 자치적으로 자원을 관리할 때 성공적으로 공유 자원을 유지할 수 있다고 반박합니다.

오스트롬은 목초지를 지키기 위한 해결책으로 첫째 정부 규제, 둘째 자치권, 셋째 자치적 공유재 관리 제도를 주장합니다. 첫 번째로 정부 규제는 중앙 집권적 방식으로 자원을 관리하는 것을 말합니다. 하지만 이는 종종 현지 상황을 제대로 반영하지 못합니다. 두 번째로 자치권은 지역 공동체가 자원을 스스로 관리할 수 있는 권한을 인정받는 것을 의미합니다. 세 번째로 자치적 공유재 관리 제도는 공동체 구성원들이 자원을 효율적이고 지속 가능하게 관리하기 위해 자체적으로 규칙을 만들고 준수하는 방식을 말합니다. 오스트롬은 특히 자치적 관리 제도가 효과적일 수 있음을 강조합니다.

결론적으로 《공유의 비극을 넘어》는 중앙 집권적인 정부나 개인 소유가 아닌 지역 사회의 공동체적인 활동을 통해 공유 자원을 효과적으로 관리할 수 있다고 주장합니다. 앞서 언급한 8가지의 디자인 원칙을 토대로 공유 자원의 합리적이고 지속 가능한 관리가 가능하다는 것입니다. 환경 보호와 지속 가능한 개발을 추구하는 데 중요한 방향성을 제시한다고 볼 수 있습니다.

이 책을 통해 공유 자원을 어떻게 효과적으로 관리할 수 있는지, 또한 사회과학과 경제학의 접점에서 빛나는 통찰력을 공유 자원 관리에 어떻게 적용할 수 있는지에 대해 생각해 보고 자신만의 대안을 제시해 보면 좋겠습니다.

도서 분야	경제	관련 과목	통합사회, 경제, 정치, 사회문제탐구, 기후변화와 지속가능한 세계	관련 학과	사회학과, 경제학과, 정치외교학과, 행정학과, 환경공학과, 도시공학과

▶ **기본 개념 및 용어 살펴보기**

경제학의 기본 개념 및 용어	
개념 및 용어	**의미**
공유 자원	공유 자원은 경합성은 있으나 배제성은 없는 자원임. 여러 사람이 공유하며 이용하는 자원이고 일반적으로 공용 또는 공공의 소유로 간주되며 공기, 물, 토지 등이 이에 해당함.
공유의 비극	공유의 비극Tragedy of the Commons은 개개인의 이기적인 행동으로 인해 공유 자원이 과도하게 이용되어 소진되는 현상을 말하며, 개릿 하딘이 처음 제기한 개념으로 이는 공유 자원 관리의 주요 문제점으로 인식되어 왔음.
집단 행동	집단 행동Collective Action은 특정 목표를 달성하기 위해 여러 사람이 공동으로 행동하는 것이며, 오스트롬은 지역 사회의 집단 행동이 공유 자원을 효과적으로 관리할 수 있게 하는 중요한 역할을 한다고 주장함. 이는 중앙 집권적인 정부나 개인 소유보다 더 효과적인 방법으로, 공유 자원의 지속 가능한 관리를 위한 중요한 전략임.

▶ **시대적 배경 및 사회적 배경 살펴보기**

'공유의 비극을 넘어'는 엘리너 오스트롬이 1990년에 출간한 책으로, 당시는 1980년대 후반부터 1990년대 초반에 걸쳐 환경 문제와 지구의 자원 소진에 대한 경각심이 높아졌던 시기였다. 특히 기후 변화, 오존층 파괴, 삼림 감소 등의 환경 문제가 대두되면서, 지속 가능한 자원 관리와 환경 보호에 대한 필요성이 강조되었다. 또한 그 시기 노벨 경제학상을 수상한 개릿 하딘의 '공유의 비극'이라는 논문이 영향력을 끼치고 있던 시기이기도 했다. 하딘은 공유 자원이 개별적 이익 추구로 인해 과도하게 이용되어 소진되는 '공유의 비극'을 주장하였고, 이는 당시 많은 학자와 정책 결정자들에게 큰 영향을 끼쳤다. 그러나 오스트롬은 '공유의 비극을 넘어'를 통해 제3의 길을 제시하였으며, 공유 자원 관리에 대한 새로운 접근법을 보여주었고, 많은 이들에게 큰 영향을 끼쳤다.

현재에 적용하기

'공유의 비극'의 다양한 예시를 직접 찾아보고 공유의 비극을 넘어 현대 사회에서 적용할 수 있는 공유 자원 관리에 대해 토의해 보자.

> **책의 내용을 진로 활동과 연관 지은 경우**(희망 진로: 경제학자)

생활 속 경제 현상에 관심이 많으며 경제적 관점에서 바라본 지속 가능한 개발과 자원 관리에 관한 주제로 경제 기사를 분석함. 특히 경제 고전 '공유의 비극을 넘어 (엘리너 오스트롬)'를 읽고 오스트롬의 이론과 주장을 체계적으로 분석하고 이를 경제 기사 분석에 적용하여 발표함. 자신이 속한 지역 사회의 자원 현황을 조사하고, 오스트롬의 이론을 적용하여 보고서를 작성하여 학교와 지역 사회의 커뮤니티에 공유하고 지속 가능한 자원 관리에 대한 인식을 높이는 글을 작성하여 경제학에 대한 관심을 열정적으로 드러냄. 교과서에서 배운 '기업과 경영의 이론 심화 활동' 으로 경제 고전을 통한 심화 독서를 선택하여 지속 가능한 자원 관리를 중심으로 한 사회적 기업 창업 아이디어 등 창의적인 비즈니스 모델과 오스트롬의 이론을 결합하는 의견을 제시하여 동료 평가에서 우수한 평가를 받음. 이 활동을 통해 오스트롬의 이론을 실제 상황에 적용하고, 지역 사회에서 지속 가능한 자원 관리에 기여하는 방법을 배웠다고 활동 소감문에 작성함.

▸ 책의 내용을 사회 교과와 연관 지은 경우

수업 시간에 집중력이 높고 사회 현상과 연결 지어 생각하는 능력이 뛰어난 학생으로 수업 시간에 학습한 사회적 자본 탐구하기 활동에서 사회적 차원에서 공동체 의식과 신뢰가 경제적으로 미치는 편익에 대해 자기만의 언어로 논술한 점이 우수함. 특히 사회에서 나타나는 다양한 경제 현상에 흥미를 갖고 있으며 경제 고전 '공유의 비극을 넘어(엘리너 오스트롬)'를 읽고 공유 자원의 개념에 관심을 갖게 되어 관련 교과서 심화 탐구 활동을 함. 지역 공동체에서 공유 자원을 어떻게 관리하고 있는지를 조사하고, 이를 통해 오스트롬의 8가지 디자인 원칙이 어떻게 적용되고 있는지를 분석하는 독후 심화 활동을 연계함. 특히 현재 공유 자원의 관리 실태에 대해 알리고자 공유 자원의 중요성과 지속 가능한 관리 방법을 소개하는 영상을 제작하고 경제 동아리에서 캠페인 활동으로 연결하는 등 적극적인 자세를 보임. 모둠별로 공유 자원에 관련된 다양한 법률과 정책을 고민하고, 공유 자원의 보호와 관리에 어떤 영향을 미치는지에 대해 경제 법률 탐구 보고서를 제출함. '공유의 비극'에 대한 자신의 견해를 에세이로 작성하여 공유 자원의 문제점을 깊이 있게 이해하고, 자신만의 해결책을 제안하는 등 창의적으로 문제 해결력을 함양함.

▸ 공원, 수원지, 도서관 등 지역 자원 중 하나를 선정하여 해당 지역 사회의 자원 관리 상황을 조사하고, 개선 방안을 탐구 보고서로 작성해 보자.

▸ 오스트롬의 이론을 바탕으로 모둠별로 미니 지역 사회를 만들어 자원 관리에 대한 미니 워크숍을 열고, 오스트롬의 이론을 소개한 후 그 지역의 자원을 어떻게 효과적으로 관리할 수 있는지에 대해 모둠별로 아이디어를 모으고 토론해 보자.

▸ 현재 우리나라의 공유 자원 관련 정책을 분석하고, 오스트롬의 주장과 비교하여 어떤 점이 효과적이고 무엇이 개선되어야 하는지에 대해 평가하는 보고서를 작성해 보자.

▸ 공유 자원의 중요성과 그 보호 방법에 대해 지역 사회의 인식을 높이는 포스터와 안내 책자를 제작하고, SNS 캠페인 등의 활동에 참여해 보자.

▸ '경제 고전 함께 읽기' 활동을 통해 '공유의 비극'에 대해 의견을 나누고, 하딘과 오스트롬의 주장을 비교 분석해 보자. 더 나아가 공유 자원의 관리와 지속 가능한 개발에 관해 토론해 보자.

함께 읽으면 좋은 책

엘리너 오스트롬, 샬럿 헤스 《지식의 공유》 타임북스, 2010.

앨 고어 《위기의 지구》 삶과꿈, 2000.

경제발전의 이론

조지프 슘페터 ▶ 지식을만드는지식

《경제발전의 이론》은 조지프 슘페터가 쓴 책으로 혁신, 기술적 변화, 그리고 '창조적 파괴' 개념을 중심으로 한 경제 이론을 다루고 있습니다. 경제학 분야에서 혁신에 대한 새로운 시각을 제시하여, 경제 주체들의 창조와 파괴가 어떻게 경제적 성장과 발전을 이끌어 내는지를 다양한 측면에서 논의하고, 혁신과 기업가 정신이 경제 성장과 발전에 어떻게 기여하는지에 대해 깊은 통찰을 제공하는 경제 고전입니다.

저자 조지프 슘페터Joseph Alois Schumpeter, 1883~1950는 오스트리아 출신의 경제학자로, 사회과학 분야에서 가장 영향력 있는 사람 중 한 명으로 꼽힙니다. 그의 이론은 혁신과 기업가의 역할에 중점을 두며,

'창조적 파괴'라는 개념을 통해 경제 발전의 원동력에 대해 이해하는 새로운 방식을 제시합니다. 슘페터는 기존의 경제학 이론에 도전하면서 기업가 정신, 기술적 혁신, 경제 주체 간의 경쟁이 어떻게 경제 발전을 촉진하는지에 대한 새로운 시각을 제시합니다.

조지프 슘페터의 《경제발전의 이론》이 나오게 된 배경은 19세기 말부터 20세기 초반 산업화와 급속한 기술 발전이 일어나던 시기로, 전례 없는 경제 성장을 보이던 때였습니다. 당시 경제학계는 이러한 변화를 설명하고 예측하는 데 어려움을 겪고 있었습니다. 대부분의 경제 이론은 정적인 시장 균형 모델에 기반하고 있었는데, 이는 변화와 발전이라는 중요한 요소를 놓치고 있었습니다. 슘페터는 이 문제를 해결하기 위해 '창조적 파괴'라는 개념을 제안하였습니다. 그는 기업가가 새로운 아이디어를 시장에 도입하고, 이를 통해 기존의 시장 균형을 파괴하며 새로운 균형을 창출한다고 주장하였습니다.

슘페터는 이 책에서 경제 발전은 궤도의 변경이며 그 변화는 연속적, 성장적이 아니라 비연속적, 비약적이라고 설명합니다. 경제 발전 내지 경제 성장의 구명은 이미 고전학파에 의해서도 이루어졌으나 기본적으로 경제의 발전을 경제 외부에서 오는 영향에 의한 것으로 생각했습니다. 이에 반해 슘페터는 경제 발전에 있어서 내재적 진화의 법칙을 밝히고 경제 내적 요인에 의해 경제 스스로가 주도적으로 스스로 변혁해 가는 것이라고 주장합니다.

슘페터는 기업가 정신이 경제 성장의 핵심 열쇠라고 말합니다. 기업 의사 결정의 핵심 주체는 기업가이며, 기업가는 단지 이윤 극대화라는 목표만을 고려하는 것이 아니라 자기 발전, 창조의 즐거움 등을 모두 고려합니다. 따라서 이윤 창출 동기가 부족해도 혁신을 위한 다양한 시도가 이루어집니다.

그에 따르면 기업가는 생산 요소의 새로운 결합을 통해 종전의 생산 요소에 한층 유리한 용도를 부여하는 역할을 담당하고, 자본은 이러한 새로운 결합에 필요한 생산 요소를 기업가의 손에 획득하게 하는 경제적 구매력입니다. 그리고 신용은 이런 의미의 자본을 기업가를 위해서 창조하는 데 필요한 것입니다. 이와 같이 슘페터는 경제 내적 요인으로서의 자본의 작용, 즉 '창조적 파괴'의 과정 속에 자본주의 경제의 기동력을 바라봅니다. 슘페터에 따르면 자본주의 시스템에서 경제 발전의 원천은 '혁신'입니다.

슘페터는 혁신에 이어 혁신이 일어나고, 이러한 혁신이 집단적으로 일어나는 데서 경기의 상승, 즉 번영이 일어난다고 보았습니다. 또 그것이 정리되는 과정을 불황으로 보았습니다. 슘페터는 경기 순환을 자본주의의 고유한 것으로 봅니다.

슘페터는 경기 불황을 경제 발전 과정의 자연스러운 일부로 보며, 이를 통해 시장이 스스로 정화되고 혁신이 촉진된다고 주장합니다. 그는 불황이 새로운 기술과 혁신을 도입하는 기회로 작용하여 장기적으로 경제를 성장시킨다고 보는 반면, 케인스학파는 정부의 적극적인 개입을 통해 수요를 증대시켜 불황을 극복해야 한다고 주장합니다. 케인스학파는 불황 시 정부 지출 확대와 같은 정책을 통해 경제를 안정화시키려는 반면, 슘페터는 시장의 자율적 조정 과정을 더 중시합니다. 이로 인해 두 학파는 경기 불황에 대한 대응 방식에서 근본적인 차이를 보입니다.

새로운 결합이 가격 수준에 주는 영향에 대해서 슘페터는 처음엔 강제 저축에 의해 인플레이션 현상이 일어나지만, 그다음의 발전 과정에서는 생산량 증대에 의해서 신용 인플레이션은 배제되고, 오히려 디플레이션을 겪게 된다고 했습니다. 슘페터는 혁신을 다음과 같은 다섯 가지의 새로운 결합으로 설명하며 제시합니다.

▸ 다섯 가지 새로운 결합을 통한 혁신

새로운 결합	내용
새로운 상품의 생산	기존에 없던 새로운 상품이나 서비스를 생산하는 것을 의미함. 이는 새로운 아이디어나 기술이 상품화되는 과정을 포함.
새로운 생산 방법	기존에 사용되던 생산 방법 대신 새로운 생산 방법을 도입하는 것. 기술적 발전, 작업 과정의 재구성 등을 포함.
새로운 시장의 개척	기존에는 존재하지 않았거나 미개척이던 시장에 진입하는 것을 의미함. 새로운 지역이나 고객층을 타깃으로 하는 경우를 포함.

새로운 원천의 확보	새로운 원자재, 에너지, 노동력 등 생산에 필요한 새로운 원천을 확보하는 것을 말함.
새로운 조직의 실현	산업 내부의 경쟁 구조나 사업 구조를 변화시키는 것을 의미함. 이는 기업 합병, 시장 진입 장벽의 설정 등을 포함.

위 표의 새로운 결합이 혁신이라고 볼 수 있는데, 새로운 결합의 수행을 위해 슘페터는 생산 수단을 사용할 수 있게 하는 신용과 자본, 그리고 책임을 지고 수행할 수 있는 기업가가 필요함을 제시합니다.

결론적으로 《경제발전의 이론》은 경제 발전을 정적인 균형 상태에서 벗어나 동적인 변화를 겪는 과정이라고 봅니다. 그는 기업가의 창의적인 행동과 혁신이 이런 변화를 주도하며, 이 변화의 과정에서 기존의 제품이나 서비스, 생산 방법, 시장 구조 등이 파괴되고 새로운 것들이 창조되면서 경제가 발전한다고 이야기합니다. 이것이 이 책의 핵심 내용입니다.

슘페터는 자본주의 경제 체제가 지속적인 혁신을 통해 발전하고 변화하는 동적인 체제라고 강조합니다. 물론 이러한 혁신과 변화가 경제 성장을 불러오지만, 동시에 기존의 경제 구조를 파괴하면서 사회적 불안정을 초래할 수 있습니다. 그렇지만 이런 변화에 동반하는 불안정성이 없으면, 경제는 발전하지 못하고 정체된 상태에

머무를 것이라고 그는 주장합니다. 이처럼 슘페터는 '창조적 파괴'를 통한 혁신이 경제 발전의 핵심 동력이며, 이는 자본주의 경제 체제의 본질적인 특성이라고 결론을 내립니다.

《경제발전의 이론》을 읽고 기업가의 창의적 역할과 그들이 주도하는 혁신이 지속적인 경제 성장과 사회 발전을 이끈다는 방향성에 대해 고찰하고, 기업가의 관점에서 성찰해 보면 좋겠습니다.

도서 분야	경제	관련 과목	통합사회, 경제, 정치	관련 학과	사회학과, 경제학과, 경영학과, 정치외교학과

▶ **기본 개념 및 용어 살펴보기**

경제학의 기본 개념 및 용어

개념 및 용어	의미
창조적 파괴	창조적 파괴creative destruction는 새로운 기술이나 비즈니스 모델의 등장이 기존의 것을 대체하면서 새로운 경제적 발전을 이끈다는 개념임.
기업가 정신	기업가 정신Entrepreneurship은 슘페터가 경제 발전의 주요 동력 중 하나로 간주한 개념으로 기업가들이 새로운 비즈니스 아이디어를 발견하고, 이를 실현하기 위해 경제적 자원을 투자하며, 새로운 기술이나 시장을 개척하는 능력을 의미함. 기업가 정신은 경제의 혁신과 성장에 핵심적인 역할을 하는 동시에 창조적 파괴를 촉진하는 역할을 함.
순환적 경제 발전 Cyclical Economic Development	슘페터는 경제 발전이 순환적인 특성을 가질 수 있다고 주장함. 경제 주체들의 행동과 기술의 변화에 따라 경제는 주기적으로 혁신과 침체의 단계를 거치며 발전하는데 이러한 주기성은 경제 체제의 동적이고 불안정한 특성을 나타내며, 정부나 기업이 이러한 주기성을 고려하여 경제를 조절해 나갈 필요성을 강조함.

▶ **시대적 배경 및 사회적 배경 살펴보기**

'경제발전의 이론'은 1911년에 출간되었는데 이 시기는 기술의 발전과 산업화가 급속도로 확장되고 세계 경제가 급변하던 시기로, 전통적인 생산 방식이 기계화와 자동화로 전환되며, 대량 생산과 대규모 시장이 형성되고 있었다. 이러한 시대적 배경 속에서 슘페터는 기존의 경제 이론이 변화와 발전이라는 중요한 요소를 놓치고 있다고 지적하였다. 대부분의 경제 이론은 정적인 시장 균형에 초점을 맞추고 있었는데, 슘페터는 이에 대한 비판을 통해 '창조적 파괴'라는 개념을 제안하였다. 국가 간 경제 경쟁이 심화되고, 제국주의와 국가주의가 부상하던 시기에 슘페터의 새로운 경제 이론은 이러한 변화와 발전의 과정을 이해하는 새로운 방식을 제시하였다.

현재에 적용하기

기업가의 역할과 자질에 대한 고찰을 통해 지속적인 경제 성장과 사회 발전을 위한 자신만의 창의적인 대안을 제시해 보자.

생기부 진로 활동 및 과세특 활용하기

▸ **책의 내용을 진로 활동과 연관 지은 경우** (희망 진로: 기업 경영인)

평소 책을 통해 진로의 방향성과 가치관을 정립하는 것이 중요함을 잘 알고 몸소 실천하는 학생으로 수업 시간에 '책과 함께 진로 로드맵 설정하기'에 참여하여 다양한 경제 고전 읽기를 통해 꿈을 구체화함. 그중 '경제발전의 이론(조지프 슘페터)'을 읽고 '창조적 파괴'라는 핵심 사상을 대변하는 경제 용어에 대한 개념 보고서를 작성하여 발표함. 슘페터가 제시한 새로운 결합을 창조하는 다섯 가지 방안 중 새로운 생산 방법에 관심을 갖고 현대 최첨단 기술과 AI기술 도입 등을 통한 자신만의 대안을 제시하며 경제 에세이를 작성하여 진로 분야에 대한 전문성을 쌓기 위한 문제 해결 역량을 함양함. 기업 경영인을 꿈꾸는 학생으로서 기업가의 창의적 혁신이 경제 발전의 주요 원동력이라고 주장하는 슘페터의 의견에 공감하고, 창의적 사고와 혁신의 중요성을 인식하며 이를 어떻게 자신의 진로에 적용할 수 있을지 생각해 보게 되었다고 독후 소감문에 작성함.

▸ 책의 내용을 사회 교과와 연관 지은 경우

지적 호기심이 넘치는 학생으로서 수업 중 다루는 모든 주제에 흥미롭게 임하며 사회를 바라보는 통찰력을 키워감. '경제 발전을 꿈꾸며 사회에 기여하는 기업가'라는 명확한 꿈을 가진 학생답게 습득한 지식을 자신의 관심 분야로 확장하는 능력이 매우 뛰어남. 경제 기초 개념과 기업의 역할에 대해 자신만의 철학을 정립하기 위해 경제 고전 속에서 해답을 찾아 발표함. 그중 '경제발전의 이론(조지프 슘페터)'을 읽고 기술 혁신이 사회 구조와 국가 간의 관계에 어떻게 영향을 미치는지 자료를 조사하고, 현대 사회에서 이러한 변화의 영향을 어떻게 평가할 수 있는지에 대한 주제로 자신만의 생각을 담은 경제 에세이를 작성하여 제출함. 슘페터가 주장한 창조적 파괴와 지속 가능한 발전이 어떤 상충점을 가질 수 있는지에 대해 고찰하고, 실제 사례를 찾아보려는 노력을 통해 끊임없이 경제사회 문제를 탐구하며 성장해 가는 모습이 돋보임. 또한 우리나라의 경제 발전 속도와 방향성에 대해 청소년의 시각 및 경제 주체로서의 시각 등 다양한 관점에서 분석하고 정책 보고서를 작성하는 모습이 인상적임.

▸ 슘페터의 핵심 사상인 '창조적 파괴'라는 개념을 토대로 지속적인 변화와 새로운 것을 받아들이는 유연성을 기르기 위해 미래 산업 트렌드와 기술 변화에 어떻게 적응할 것인지를 토의해 보자.

▸ 슘페터의 이론을 바탕으로 혁신과 기업가 정신이 현재의 경제 성장과 발전에 어떠한 역할을 했는지 알아보고 탐구 보고서를 작성해 보자.

▸ 슘페터의 또 다른 명저 '자본주의, 사회주의, 민주주의'를 읽고 슘페터의 경제학 개념을 비교하는 서평을 작성해 보자.

▸ 슘페터의 '창조적 파괴' 이론을 현실의 사례에 적용해 보자. 특히 특정 산업 혹은 기업이 어떻게 새로운 기술 혁신을 통해 시장을 변화시켰는지, 그리고 이는 어떤 경제적 성과를 가져왔는지에 초점을 맞춰 분석하고, 이를 토대로 경제 분석 보고서를 작성해 보자.

▸ 경제 주체의 행동과 정부의 개입이 어떻게 상호 작용하며 이것이 사회 전반에 미치는 영향과 윤리적 측면에 대해 고찰하고, 특정 정책의 도입이 기업가 정신과 사회적 가치에 어떤 영향을 미치는지에 대해 정책 평가 보고서를 작성해 보자.

함께 읽으면 좋은 책

조지프 슘페터 《자본주의, 사회주의, 민주주의》 한길사, 2011.
조지프 슘페터 《경제학의 역사와 방법》 한신대학교출판부, 2007.

이번엔 다르다

케네스 로고프, 카르멘 라인하트 ▸ 다른세상

《이번엔 다르다》는 국가별 금융 위기의 역사와 패턴을 깊이있게 분석한 책입니다. 이 책은 800년에 걸친 금융의 역사를 조명하며, 과거부터 현재까지 전 세계 다양한 국가에서 발생한 금융 위기를 논합니다. 케네스 로고프, 카르멘 라인하트는 자연히 발생한 경제 사이클과 인간의 경험에서 나오는 금융 오류들을 분석하며 '이번에는 다르다'라는 착각이 지금까지 금융 위기에서 반복되어 왔음을 주장합니다.

저자 케네스 로고프Kenneth S. Rogoff, 1953~는 세계적으로 인정받는 미국의 경제학자로, 그의 주요 연구 분야는 국제 금융과 매크로경제학입니다. 케네스 로고프는 특히 국제 금융, 세계 경제 사정, 화폐 정책과 같은 주제의 연구로 잘 알려져 있으며, 800년 동안 66개국이 겪은 금융 위기와 그 패턴을 연구한 명저 《이번엔 다르다》를 출간하여 호평을 받았습니다.

공동 저자인 카르멘 라인하트Carmen M. Reinhart, 1955~ 역시 국제적으로 인정받는 경제학자로, 그녀의 주요 연구 분야는 국제 금융과 신흥 시장 경제입니다. 그녀의 연구는 특히 금융 위기의 이해와 예방에 중요하게 기여하였습니다.

케네스 로고프, 카르멘 라인하트의 《이번엔 다르다》는 2009년에 출간되었습니다. 이 시기는 글로벌 금융 위기가 발생한 직후로, 이 책은 위기 상황에서 금융 위기의 본질과 반복되는 패턴을 이해하려는 노력의 일환으로 볼 수 있습니다.

《이번엔 다르다》는 총 6부로 구성되어 있습니다.

목차	제목	주요 내용
1부	국가 재정 위기: 해외 채무 위기	국가 부채와 외채 디폴트의 역사적 패턴과 그 영향
2부	국가 재정 위기: 국내 채무의 부도와 잊혀진 역사	국내 채무 불이행의 역사와 그 경제적 영향
3부	은행위기, 인플레이션, 그리고 화폐 가치 붕괴	높은 인플레이션과 화폐가치 붕괴의 영향
4부	미국의 서브프라임 주택 붕괴와 2차 경기 대위축	위기의 종합 지수 개발

| 5부 | 연구 분석이 제시하는 교훈 | 위기의 조기 경보, 국제기구들의 역할 |
| 6부 | 금융위기에 대한 정의 | 국가 부도, 금융위기에 관한 글로벌 데이터베이스 |

로고프와 라인하트는 금융 위기가 단순히 경제적 실수나 일시적인 요인으로 발생하는 것이 아니라, 오랜 역사를 통해 반복적으로 나타나는 구조적 문제임을 강조합니다. 책은 800년에 걸친 금융 위기의 역사를 다루며, 국가 부채와 외채 디폴트, 주식 시장 붕괴, 은행 위기 등의 다양한 형태의 위기를 분석합니다. 예를 들어, 1820년대 라틴 아메리카 국가들의 채무 위기는 독립 전쟁 후 막대한 외채를 지면서 발생하였고, 이는 국제 금융 시장과 해당 국가들의 경제에 장기적으로 부정적인 영향을 미쳤습니다.

1929년 대공황은 주식 시장 붕괴와 은행 파산을 초래하여 글로벌 경제에 심각한 불황을 가져왔습니다. 이는 여러 국가의 구조적 문제와 금융 시스템의 취약성에서 비롯된 것이라고 이 책은 설명합니다. 1990년대 아시아 금융 위기는 태국, 인도네시아, 한국 등 여러 국가가 과도한 외채와 금융 시스템의 불안정으로 인해 큰 위기를 맞았던 사례로, 외환 위기와 부채 위기의 복합적 성격을 보여줍니다.

로고프와 라인하트는 금융 시스템의 투명성과 안정성, 그리고 국제 협력의 중요성을 강조하며, 정부와 정책 결정자들이 이러한 역사를 바탕으로 현명한 결정을 내릴 수 있도록 독려합니다. 그들은 금융 위기가 피할 수 없는 경제 현상임을 인정하면서도, 그 영향을 최소화하고 경제적 안정을 유지하기 위해서는 역사적 사례를 통한 학습과 준비가 필요하다고 주장합니다.

《이번엔 다르다》는 800년에 걸친 금융 위기의 역사를 깊이 있게 분석합니다. 로고프와 라인하트는 다양한 종류의 금융 위기를 검토하며, 이들 모든 위기가 공통으로 과도한 경제 확장과 차입에 의해 발생한다는 패턴을 발견합니다. 이러한 패턴은 시대와 국가를 초월하며 반복되는 것으로 나타났습니다. 또한 저자들은 금융 위기가 발생할 때, 일반적으로 경제의 여러 부분이 동시에 붕괴하고, 회복이 오래 걸리며, 이로 인해 가계와 정부의 부채가 증가하는 경향이 있다고 설명합니다.

이들은 금융 위기가 자주 발생함에도 불구하고, 많은 이들이 '이번엔 다르다'는 착각에 빠지는 이유도 분석합니다. 저자들에 따르면 이는 대부분 과거의 금융 위기를 잊거나 무시하고, 새로운 경제적 상황이나 기술이 금융 위기를 예방할 것이라는 잘못된 믿음 때문이라고 합니다.

결론적으로《이번엔 다르다》는 금융 위기가 발생한 후의 정책 대응에 대해 이야기합니다. 그리고 적절한 통화 정책과 재정 정책이 필요하다며 금융 위기의 국제적인 영향을 고려한 국제 금융 기구의 역할을 강조합니다. 이 책을 통해 현재 사회에서 발생되는 금융 위기를 예방하기 위해 필요한 역할을 찾아보고 자신만의 대안을 제시해 보면 좋겠습니다.

도서분야	경제	관련과목	통합사회, 경제, 국제 관계의 이해, 금융과 생활	관련학과	사회학과, 경제학과, 금융학과, 국제학과

▶ 기본 개념 및 용어 살펴보기

경제학의 기본 개념 및 용어

개념 및 용어	의미
금융 위기	금융 위기Financial Crisis는 금융 시스템에서 중대한 문제가 발생하여 주식 시장 하락, 금리의 급등, 은행 파산 등이 동반되는 상황을 의미함.
차입	차입Debt은 기업, 가계, 정부 등이 자금을 조달하기 위해 다른 주체로부터 돈을 빌리는 행위, 또는 그 결과로 생기는 부채를 말함. 과도한 차입은 금융 위기의 주요 원인 중 하나로, 라인하트와 로고프는 이를 '과도한 경제 확장과 차입'이라고 설명함.
통화 정책	통화 정책Monetary Policy은 중앙은행이나 통화 당국이 국가의 화폐 공급량을 조절하거나 기준금리를 설정하는 등 경제를 안정시키고 성장을 촉진하기 위한 정책을 말함.

▶ 시대적 배경 및 사회적 배경 살펴보기

'이번엔 다르다'는 2009년에 출간되었다. 이는 전 세계적인 금융 위기가 발생한 바로 직후로, 2008년의 글로벌 금융 위기와 그로 인한 경제적 충격이 컸던 시기였다. 이 위기는 미국의 부동산 시장 붕괴에서 시작되어 전 세계의 금융 시장으로 퍼져나갔으며, 많은 국가가 이로 인해 위기를 맞았다. 상황이 이렇다 보니 금융 위기에 대한 이해와 대응이 중요한 이슈로 부상하였다. 많은 이들이 일자리를 잃고, 대출을 갚지 못하는 등 어려움을 겪었으며, 이로 인해 사람들은 금융 시스템의 안정성과 지속 가능성에 대해 질문하게 되었고, 이러한 문제를 해결하기 위한 방법을 찾는 것이 중요한 사회적 과제가 되었다. 라인하트와 로고프는 이러한 시대적, 사회적 배경 속에서 금융 위기의 본질과 패턴을 설명하고자 했다. 그들은 800년에 걸친 금융 위기의 역사를 분석하였으며, 이를 통해 금융 위기가 시대와 지역을 초월한 공통된 패턴을 가지고 있음을 보여주었다. 이 책은 이런 패턴을 이해하고 인식하는 것이 미래의 금융 위기를 예방하는 데 중요하다는 메시지를 전하고 있다.

현재에 적용하기

우리나라의 금융 위기의 역사를 분석하여 현재 우리 경제 상황에 적용되는 금융 위기의 본질과 패턴을 찾아보자.

생기부 진로 활동 및 과세특 활용하기

▸ 책의 내용을 진로 활동과 연관 지은 경우(희망 진로: 금융 정책가)

금융 정책가로서 자신의 꿈을 실현하기 위해 관련 기사 읽기, 시사 토론하기 등 다양한 방법으로 노력하는 학생임. 이뿐만 아니라 교과서에서 배운 내용을 심화 독서와 연계하는 것을 즐겨하는 학생으로 금융에 대한 기초 개념을 학습한 후 경제 고전 속에서 확장 개념을 찾아보고자 노력함. 그중 '이번엔 다르다(케네스 로고프, 카르멘 라인하트)'를 읽고 경제 정책의 결정과 경제 위기의 상관관계에 대해 알게 되었다며, 다양한 정책 결정이 어떻게 경제에 영향을 미치는지에 대한 경제 탐구 보고서를 작성하여 발표함. 특히 특정 국가나 지역에서의 경제 위기에 대한 정책 결정의 성공과 실패 사례를 조사하여 카드뉴스 형태로 제작하고 친구들에게 경제 위기의 심각성을 알리고자 노력하는 모습이 인상적임. 더 나아가 어떤 요인들이 국가의 경제 위기를 극복하는 데 기여하였고, 무엇이 중요한 역할을 했는지에 대한 심화 활동을 연계하여 경제 문제 탐구 역량을 함양함.

▶ 책의 내용을 사회 교과와 연관 지은 경우

수업 시간에 차분한 태도로 집중하여 알고 있는 내용을 바탕으로 새롭게 배운 내용을 이해하려는 모습을 보이며, 궁금한 내용에 대해 적극적으로 질문함. 평소 사회에서 일어나는 다양한 경제 현상의 의미와 그 이면에 관심이 많은 학생으로, 경제학 분야 중 금융 교육 및 활동을 위해 기초 개념을 정립하고자 경제 고전 속에서 해답을 찾아 발표함. 그중 '이번엔 다르다(케네스 로고프, 카르멘 라인하트)'를 읽고 여러 나라의 방대한 금융 위기의 역사와 변천을 이해하고 금융 위기의 사회상에 대해 조사하여 발표함. 금융 위기가 일어난 시기에 국가별로 신문 기사를 스크랩하여 금융 위기가 그들의 삶과 경험에 어떤 영향을 미쳤는지를 알아보고, 그 결과를 인터뷰 형식으로 작성하여 친구들에게 전달하여 큰 호응을 받음. 금융 위기와 경제 개념을 보다 폭넓게 이해할 수 있도록 하는 경제 금융 교육 캠페인 활동에 참여하여 자신의 진로 분야인 경제 교육 전문가로서의 역량을 함양함. 구체적으로 금융 위기를 관리하고 예방하는 데 효과적인 공공 정책의 중요성을 강조하며 금융 리더십을 선보임.

후속 활동으로 나아가기

- '청소년 경제 정책 모니터단'을 구성하여, 현재 국가의 중앙은행에서 금융 안정성을 증진시키기 위해 시행하고 있는 다양한 정책을 조사하고 유효성을 평가하는 보고서를 작성해 보자.
- 나라별 금융 위기를 진단하고, 국제적으로 영향을 미치는 금융 위기에 대해 탐구하고, 다양한 국가들이 어떻게 경제 위기에 대응하고 있는지를 자료 조사하여 경제분석 보고서를 작성해 보자.
- 현대 금융 시스템과 기술의 발전이 어떻게 금융 위기에 영향을 미치는지에 대해 조사하고, 이를 바탕으로 금융 시스템의 향후 발전 방향에 대한 제안서를 작성해 보자.
- 금융 위기를 관리하고 예방하는 데 효과적인 공공 정책의 중요성을 정리해 보고, 금융 안정성을 증진하는 공공 정책 홍보 캠페인 활동을 진행해 보자.

함께 읽으면 좋은 책

케네스 로고프, 《화폐의 종말》 다른세상, 2016.

그레고리 맨큐 《맨큐의 경제학》 Cengage Learning, 2021.

존 케네스 갤브레이스 《대폭락 1929》 일리, 2008.

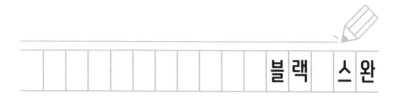

블랙 스완

나심 니콜라스 탈레브 · 동녘사이언스

《블랙 스완》은 우리가 일상에서 마주하는 예측 불가능한 사건들과 그 영향에 대해 깊이 탐구하는 책입니다. '블랙 스완'이란 희귀성, 충격성, 그리고 도저히 일어나지 않을 것 같은 일이 실제로 일어나는 현상을 말합니다. 이 책은 이러한 현상이 어떻게 우리 역사와 개인의 삶에 극적인 변화를 가져오는지 설명하면서, 우리가 이에 어떻게 대응해야 하는지 그 전략에 대해 이야기합니다.

저자 나심 니콜라스 탈레브Nassim Nicholas Taleb, 1960~는 복잡한 시스템과 불확실성에 대한 연구로 유명한 저술가이자 경제학자입니다. 그의 작품은 주로 경제, 통계학, 의사 결정 이론, 철학 등 다양한 분야에 걸쳐 있으며, 현대 사회에서의 불확실성과 예측 불가능성에 대한 관점을 제시합니다.

　나심 니콜라스 탈레브의《블랙 스완》은 탈레브가 금융 시장에서 일하며 예측 불가능성과 불확실성을 경험한 데에서 시작합니다. 그는 전통적인 통계 모델이 극단적인 사건들을 제대로 다루지 못한다고 주장하며 사람들의 인지적 편향과 과거 데이터에 의존한 예측의 한계를 지적합니다. 그는 역사적으로 예측 불가능한 사건들, 예를 들어 9.11 테러와 2008년 금융 위기 등을 분석하며 블랙 스완 현상의 중요성을 강조합니다. 이러한 사건들은 대부분 사람들이 예상하지 못했으나 큰 영향을 미쳤습니다. 탈레브는 확률론과 통계학에 대한 깊은 이해를 바탕으로 우리가 예상하지 못한 일들에 얼마나 취약한지를 보여주며 대비의 중요성을 강조하고자 이 책을 출간하게 됩니다.

　《블랙 스완》에서 탈레브는 블랙스완 사건의 3가지 특징을 다음과 같이 설명합니다. 첫째, 극도의 희소성으로, 일어날 확률이 매우 낮은 사건입니다. 둘째, 심각한 영향, 즉 일어나면 큰 파장을 일으키는 사건입니다. 셋째, 뒤늦게 밝혀진 광범위한 주장으로, 일어난 후에야 그 원인과 결과를 설명하려는 사람들이 많아지는 현상입니다. 이러한 블랙스완 사건은 우리에게 큰 위기와 기회를 동시에 가져온다고 저자는 말합니다. 또한 경제, 정치, 사회, 문화 등 다양한 분야에서 발생할 수 있으며 그 영향은 긍정적일 수도 있고, 부정적일 수도 있다고 합니다.

위기는 예측할 수 없는 변화와 불확실성으로 인해 발생하는데, 예를 들어 금융 위기나 바이러스 대유행은 많은 기업과 개인에게 손실과 어려움을 안겨주었습니다.

2008년 글로벌 금융 위기 때는 미국의 서브프라임 모기지 사태로 인해 전 세계 금융 시장이 붕괴되고 경제가 침체되었습니다. 이 사건은 많은 기업과 개인에게 손실과 어려움을 안겨주었으며 금융 규제와 위기 대응 시스템 필요성을 강조하였습니다.

2016년에는 영국이 유럽연합에서 탈퇴하는 브렉시트 국민 투표 결과가 발표되었는데, 이로 인해 영국의 정치, 경제, 사회가 혼란에 빠지고 유럽연합의 통합도 위협을 받았습니다. 이 사건은 영국과 유럽의 관계뿐 아니라 세계 경제와 정치에도 큰 변화를 가져왔습니다.

최근에는 2019년 코로나19 대유행을 꼽을 수 있습니다. 이 사건으로 인해 국경 폐쇄, 사회적 거리 두기, 재택 근무 등의 조치로 인해 경제와 문화가 크게 타격을 입었으며 과학 기술과 의료 체계의 발전과 협력의 중요성이 부각되었습니다.

블랙스완은 우리의 경제와 삶에 어떤 영향을 미칠지 알 수 없는 현상입니다. 그러므로 우리는 블랙스완에 대비하고 대응할 수 있는 방법을 찾아야 합니다.

첫째, 다양성과 유연성을 갖추는 자세입니다. 한 가지에만 의존하지 않고 여러 가지 옵션을 가지고, 상황에 따라 적응할 수 있는 능력을 키우는 것이 중요합니다. 둘째, 작은 실패를 통해 배우는 자세입니다. 큰 위험을 피하고, 작은 실험과 시도를 통해 피드백을 받고, 개선할 수 있는 방법을 찾는 것입니다. 셋째, 비대칭적인 보상을 추구하는 자세입니다. 손실보다 이익이 크게 발생할 수 있는 기회를 찾고, 그 기회를 잡는 것입니다.

이렇게 탈레브는 불확실한 미래에 대비하는 방법으로, 예측의 한계를 인정하고 언제나 준비된 자세를 갖추는 것의 중요성을 말합니다. 이에 따르면 미지의 사건에 순응하고 기회를 넓히는 것이 중요합니다. 블랙 스완에 대한 인식과 이를 통한 학습은 투자와 인생 전반에 걸쳐 겸손해야 하는 이유를 깨닫게 합니다. 그는 블랙 스완의 속성을 이해하고, 이를 기반으로 한 신중한 접근이 필요함을 강조합니다.

탈레브는 또한 직업 선택에 있어서 '규모 가변적'인 일의 중요성을 언급합니다. 연예인, 작가, 사업가와 같은 직업은 규모 가변적인 특성을 가지고 있어, 일의 총량에 종속되지 않고, 일정한 노동 없이도 수입이 창출될 수 있는 시스템을 만들 수 있습니다. 이는 블랙 스완과 같은 예측 불가능한 사건이 자신의 삶에 큰 영향을 미칠 기회를 증가시킬 수 있음을 의미합니다.

결론적으로, 블랙 스완은 우리가 세상을 바라보고, 미래를 계획하는 방식에 근본적인 변화를 요구합니다. 탈레브의 통찰은 불확실성을 받아들이고, 이에 대비하여 더욱 유연하고 준비된 태도를 갖추어야 한다는 메시지를 전달합니다. 또한 개인의 경력과 재정 계획에 있어서도 블랙 스완의 가능성을 염두에 두고, 규모 가변적인 접근을 고려하는 것이 중요함을 이야기합니다. 이 책을 통해 미래 사회를 대비하여 성찰하고 자신만의 대안을 제시해 보면 좋겠습니다.

도서 분야	경제	관련 과목	통합사회, 경제, 정치, 국제 관계의 이해	관련 학과	사회학과, 경제학과, 통계학과, 정치외교학과, 경영학과

▶ **기본 개념 및 용어 살펴보기**

경제학의 기본 개념 및 용어

개념 및 용어	의미
블랙 스완	블랙 스완Black Swan은 검은 백조를 말하며 예기치 못한 경제의 큰 변수로 인해 겪게 되는 위기 상황을 의미함. 일어날 것 같지 않았던 일이 실제로 일어나는 경제 현상으로, 예를 들어 2008년의 글로벌 금융 위기나 2020년 코로나19 대유행은 블랙 스완의 대표적인 사례임.
인지적 편향	인간의 사고 과정에서 발생하는 일관된 오류로, 사람들이 과거 경험과 데이터를 과신하고 미래를 예측하려는 경향을 말하며 이는 블랙 스완 사건을 인식하고 대비하는 것을 어렵게 만듦.
불확실성	미래의 예측 불가능한 사건들로 인해 기존의 경제 모델과 통계가 무력해지는 상황을 의미함.

▶ **시대적 배경 및 사회적 배경 살펴보기**

2007년 미국에서 출간된 '블랙 스완'의 시대적 배경으로는 2000년대 초에 발생한 IT 버블 붕괴와 그로 인한 경제적 충격을 꼽을 수 있다. 이는 '블랙 스완'이라는 개념이 사람들에게 통할 수 있는 배경이 되었다. 또한 책이 출간된 직후 발생한 2008년의 글로벌 금융 위기는 탈레브의 '블랙 스완' 이론을 더욱 실증적으로 입증하는 계기가 되었다. 당시는 21세기에 들어서며 급속하게 변화하는 세상에 대한 불확실성과 두려움이 컸던 시기였다. 글로벌화, 기술의 발전, 테러리즘과 같은 새로운 현상이 빠르게 변화하는 세상을 만들어 냈고, 사람들은 이런 변화 앞에 예측을 어려워했다. 이런 상황에서 '블랙 스완'이라는 개념은 사람들이 이런 불확실성을 이해하고 대응하는 데 도움을 줄 수 있었다. '블랙 스완'은 혼란스러운 경제적, 사회적 상황 속에서도 사람들이 세상을 이해하고 미래를 예측할 수 있는 새로운 방법론을 제시했다고 볼 수 있다.

현재에 적용하기

'블랙 스완'의 이론을 현실에 적용해 보고, 불확실성에 대한 준비를 강화할 수 있는 대안에 대해 생각해 보자.

생기부 진로 활동 및 과세특 활용하기

> **책의 내용을 진로 활동과 연관 지은 경우** (희망 진로: 미래 경제 분석가)

진로 시간에 진행한 '책으로 소개하는 나의 진로 이야기' 활동에서 자신의 진로 분야인 미래 경제 분석이라는 주제로 경제 고전을 소개함. '블랙 스완(나심 니콜라스 탈레브)'을 읽고 블랙 스완의 주요 개념을 이해하고 개념 보고서를 작성하여 발표함. 블랙 스완의 사전적 정의와 현실에 직접적으로 활용되는 사례를 찾아 시대별로 소개하며 책의 핵심 내용으로 이어지는 북큐레이터 역할을 창의적으로 해냄. 독후 심화 활동의 일환으로 책 속에서 과거 블랙 스완 사건의 역사적 사례를 찾아보고 왜 예측하지 못했는지, 예측 모델이 어떻게 실패했는지를 비교 분석하여 경제 고전 탐구 보고서를 작성함. 특히 현대 사회의 경제, 환경, 정치 등 다양한 분야에서 예상치 못한 사건들이 어떻게 발생하는지에 대해 자신의 의견을 제시하며 안티프래질한 사고에 기반한 문제 해결과 결정 방식을 연습하는 '예측 프로젝트' 활동에 참여하여 다양한 시나리오에서 사고의 유연성을 함양함. 이를 통해 자신의 진로 분야인 미래 경제 동향 분석가로서의 자질에 대해 고찰하고, 경제 고전에서 얻은 지혜로 금융 위기와 같은 예측 불허의 상황에서도 특정 사회 문제에 대한 새로운 해결책이나 정책을 제안함으로써 동료 평가에서 높은 호응을 받음.

▸ 책의 내용을 사회 교과와 연관 지은 경우

매사 성실하고 차분한 태도로 수업에 집중하며 다양한 경제 개념을 통해 사회 현상을 분석할 줄 아는 탐구력이 돋보임. 단순히 교과서에서 배운 내용을 암기하는 것이 아닌, 실제 삶과 연관 지어 스스로 이해를 높이려고 하는 모습이 매우 인상적인 학생으로, 과거의 역사적 사례와 고전 속에서 지혜를 찾고자 경제 고전 읽기 활동에 적극적으로 참여함. 그중 '블랙 스완(나심 니콜라스 탈레브)'을 읽고 교과목과 연계하여 특정 시기의 블랙 스완 사건이 해당 시기의 역사적 맥락과 어떻게 연결되는지를 탐구하고 발표하는 프로젝트를 진행함. 프로젝트 결과물을 발표하는 과정에서 미래 경제에 대비하는 자신만의 대안책을 설명하는 부분이 돋보임. '안티프래질'한 사고를 기반으로 하여 현대 사회 문제에 대한 새로운 해결책이나 정책을 제안하고, 사회적 현상에 대한 창의적이고 비판적인 사고 능력을 함양함. 미래의 불확실성을 가진 경제 예측 모델이 실패할 경우의 사회적 파급 효과와 정책적 대응 방안을 조사하고 분석하여 개인과 조직이 모두 회복탄력성과 유연함을 가져야 한다고 주장하며 미래 사회학도로서의 역량을 발휘함.

후속 활동으로 나아가기

▸ 역사 속에서 특정 경제 위기 상황을 선택하여 그것이 어떻게 발생하고 어떤 영향을 미쳤는지 탐색하고, 여기에 블랙 스완 이론을 적용할 수 있는지, 또 블랙 스완에 대비하기 위해서는 무엇을 해야하는지 정리해 보자.

▸ 통계 데이터를 분석하여 블랙 스완 사건을 예측할 수 있는지 탐구 주제를 설정하고 데이터 분석과 사회 문제 탐구를 융합하여 과제를 해결해 보자.

▸ 블랙 스완 사건에 대비하는 정책을 개발하고 시뮬레이션을 해보며 실효성에 대해 토의해 보자.

▸ 개인이나 조직이 블랙 스완과 같은 예측할 수 없는 사건에 대비하는 방법을 고민하고 개개인이 미래의 불확실성에 대비하는 방법을 브레인스토밍을 통해 정리해 보자.

▸ 블랙 스완 사건이 경제에 미치는 영향과 사회적 영향을 정리하고, 특히 금융 위기와 같은 큰 규모의 경제적 변화를 예로 들어 그 결과를 정리하여 발표해 보자.

함께 읽으면 좋은 책

나심 니콜라스 탈레브 《안티프래질》 와이즈베리, 2013.

나심 니콜라스 탈레브 《행운에 속지 마라》 중앙북스, 2016.

나심 니콜라스 탈레브 《스킨 인 더 게임》 비즈니스북스, 2019.

지금 당장 이 불황을 끝내라!

폴 크루그먼 ▸ 엘도라도

폴 크루그먼이 쓴 《지금 당장 이 불황을 끝내라!》는 글로벌 경제 불황에 대한 견해와 해결책을 제시하는 책입니다. 크루그먼은 현대 경제학의 관점에서 경제 불황과 빈곤 문제에 대해 분석하며, 특히 금융 위기 이후의 경제 상황을 중점적으로 살핍니다. 그는 정부의 적극적이고 규모 있는 경제 정책이 어떻게 불황 극복에 도움을 줄 수 있는지에 대해 논합니다. 크루그먼은 경제 정책의 중요성을 강조하며, 특히 재정 정책과 통화 정책의 상호 작용을 중요하게 이야기합니다.

저자 폴 크루그먼[Paul Krugman, 1953~]은 미국의 경제학자이자 현대의 경제학적 이슈에 관해 글을 쓰는 칼럼니스트로도 유명합니다. 그의 글은 경제학 전문가뿐만 아니라 폭넓은 대중에게도 이해하기 쉽게 전달되며, 정책 결정에도 영향을 미치고 있습니다. 또한 그의 책은 경제학 이론을 일반 대중에게 소개하면서 불확실한 경제 상황에 대한 분석과 해결책을 제시합니다.

폴 크루그먼의 《지금 당장 이 불황을 끝내라!》는 2008년 금융 위기 이후 미국과 전 세계가 경험한 장기간의 경제 침체, 즉 '불황'에서 시작합니다. 이 금융 위기는 미국의 부동산 시장에서 시작되어 세계 경제를 크게 흔들었고, 이에 따른 경제적 파장은 수년 동안 지속되었습니다. 크루그먼은 그러한 불황의 원인을 분석하고, 어떻게 하면 빠르게 회복할 수 있을지에 대한 자신의 견해를 제시합니다. 그는 재정 정책과 통화 정책을 통한 경제 부양이 필요하다고 주장하며, 이러한 정책들이 어떻게 구현되어야 하는지에 대해 설명하기 위해 책을 출간합니다.

크루그먼은 대표적인 케인스학파입니다. 이는 20세기 초 영국의 경제학자 존 메이너드 케인스의 사상에 기초한 경제학 이론으로, 특히 1930년대 미국에 대공황이 발생해 경제가 파탄 났을 때 기존의 주류경제학과는 정반대의 정책을 제안하며 대공황을 극복하는 데 기여한 이론입니다. 주류경제학이었던 고전학파가 '공급에 따라 수요가 결정된다'고 주장하던 것과 달리 케인스는 대공황의 원인이 유효수요의 부족 때문이라고 주장하며, 정부의 적극적인 시장 개입과 재정 지출로 유효수요를 창출해 대량 실업을 없애고 대공황을 극복해 낼 수 있다고 보았습니다.

케인스학파인 폴 크루그먼의 주장은 케인스의 이론과 일맥상통하는 부분이 많습니다. 지금의 불황이 미국의 대공황 상황과 비슷하다고 보고 재정 지출 확대를 처방책으로 내놓습니다. 양적 완화로 인한 인플레이션을 두려워하지 말고, 새로운 일자리 창출을 위해 정부의 지속적인 경기 부양책이 필요함을 강조합니다. 불황이라고 허리띠를 졸라매고 소비를 줄인다면, 기업의 생산량 감소로 이어지며 매출은 줄어들고, 결국 일자리 또한 줄어듭니다. 결국 악순환이 반복되는 것이기 때문에 시중에 돈을 더 풀어서 소비를 촉진해야 한다고 말합니다. '누군가의 지출이 누군가의 수입'이라는 말처럼 충분한 소비가 뒷받침되어야 경제가 활성화된다는 것입니다. 이런 그의 주장은 여러 가지 데이터와 지표를 통해 뒷받침됩니다.

과학 실험과 달리 경제 정책의 실행은 그 결과를 예측하기 힘듭니다. 그렇기에 과거 상황을 참고하는 방법밖에는 없으며 시대와 상황에 적용하는 것이 달라지기 때문에 쉬운 결정이 아니라고 그는 설명합니다. 크루그먼은 이 불황이 끝나기를 숨죽이며 지켜볼 것인가, 아니면 아무것도 예측할 수 없는 이 상황에서 뭐라도 해 볼 것인가 하는 선택으로 나뉜다며, 이는 곧 의지의 차이라고 주장합니다. 이런 상황을 두고 그는 정부가 불황을 극복할 의지가 없다고 강하게 몰아붙이기도 합니다.

《지금 당장 이 불황을 끝내라!》는 단순히 경제 위기의 원인을 파헤치는 책이 아니라, 이 상황을 극복할 방법을 내놓은 책이라고 볼 수 있습니다. 현 상황을 진단하고, 어떤 정책을 펼쳐야 하며, 앞으로 어떻게 나아가야 할 것인가에 대한 내용을 체계적으로 다루고 있습니다. 기존의 긴축 정책을 주장하던 이들을 비판하는 것은 물론, 그동안 계속 지적되어 온 양적 완화 정책에 따른 문제점, 즉 부채, 인플레이션 등에 대한 해답도 내놓습니다. 그리고 유럽의 경제 위기를 진단하면서 가장 큰 원인으로 유로화를 꼽습니다. 유럽의 통합과 경제 활성화를 위해 시작된 유료화 출범이 오히려 역으로 위기를 자초했다고 말합니다.

그의 주장은 어떤 시각에서 해석하고 받아들이느냐에 따라 차이가 있습니다. 경제 정책의 효과는 항상 불확실하며, 크루그먼이 제안하는 정책이 경제 회복을 보장할 수 있는지 역시 확실하지 않습니다. 그럼에도 불구하고 우리가 이 책을 읽는 이유는 경제 위기의 심각성과 이를 해결하기 위한 긴급한 조치의 중요성을 이해하기 위해서입니다.

이 책은 재정 정책과 정부의 적극적인 개입이 경기 회복에 필수적이라는 주장을 펼칩니다. 크루그먼은 역사적 사례와 경제 이론을 통해 대공황 이후의 경제 회복 과정을 설명하며, 현재의 경제적 난관을 극복하는 데 필요한 구체적인 방안을 제시합니다. 따라서 이 책은 경제 정책 결정자뿐만 아니라 일반 독자에게도 경제 위기 대응의 필요성과 방법을 깨닫게 해줍니다.

　어떤 경제학파의 이론으로 위기를 극복하면 후에 또 다른 위기가 발생하고, 또다시 다른 경제학파가 나타나 문제를 해결하면 또 다른 위기가 다시 발생하는 등 상황은 돌고 돕니다. 불황을 극복하기 위해서는 한쪽만 바라보기보다 다양한 경제 이론과 주장을 받아들이고 수용하는 자세가 필요합니다.《지금 당장 이 불황을 끝내라!》를 통해 불황을 극복하는 방법에 대해 성찰하고 자신만의 대안 제시를 해 보면 좋겠습니다.

도서 분야	경제	관련 과목	통합사회, 경제, 정치, 사회문제 탐구	관련 학과	사회학과, 경제학과, 정치외교학과, 국제무역학과

▶ 기본 개념 및 용어 살펴보기

경제학의 기본 개념 및 용어	
개념 및 용어	의미
긴축 재정	정부가 재정 적자를 줄이기 위해 지출을 삭감하고 세금을 인상하는 정책
이상적인 통화량	이상적인 통화량Ideal Money Supply은 경제의 안정성과 성장을 지원하기 위해 적절한 수준의 통화 공급을 의미함. 이 책에서는 이상적인 통화량을 유지하면서 인플레이션과 실업을 극복하기 위한 중앙은행의 역할과 정책적 제안이 강조됨.
경기 부양책	경제의 전반적인 수요를 증가시키기 위해 정부가 재정 지출이나 세금 감면 등의 조치를 취하는 정책

▶ 시대적 배경 및 사회적 배경 살펴보기

책 '지금 당장 이 불황을 끝내라!'는 2008년 금융 위기와 그로 인한 경제 불황의 영향으로 나오게 되었다. 2008년 금융 위기는 미국의 주택 시장 붕괴로 시작되어 전 세계적인 경제 위기로 번져나갔다. 이 위기는 많은 나라에서 실업률이 급증하고 경제 성장률이 급감하는 등의 경제적 고통을 초래하였다. 이러한 상황은 글로벌 경제가 수년 동안 불황 상태에 빠지게 만들었고, 이는 폴 크루그먼이 이 책을 통해 경제 회복 방안을 제시하게 된 주요한 동기가 되었다. 금융 위기와 불황은 경제적 약자들에게 가장 큰 타격을 주었고, 이로 인해 사회적 불평등이 심화되었다. 또한 취업 시장의 불안정과 기업의 부도 등으로 인한 사회적 불안도 커졌다. 이러한 사회적 문제들은 크루그먼이 경제 정책의 중요성을 강조하게 된 주요한 이유 중 하나였다. 결론적으로 '지금 당장 이 불황을 끝내라!'의 시대적 및 사회적 배경은 2008년 금융 위기와 그로 인한 경제 및 사회적 문제들이었다. 이 책은 이러한 배경 속에서 경제 회복을 위한 새로운 접근법을 제시했다는 데 그 의미가 있다.

현재에 적용하기

경제 침체 상황에서 정부의 역할과 통화 정책의 중요성을 강조한 크루그먼의 주장이 현재의 금융 및 경제 상황에 적용이 가능한지, 그리고 정부의 적절한 정책에는 어떠한 것들이 있는지 살펴보자.

▸ 책의 내용을 진로 활동과 연관 지은 경우 (희망 진로: 경제 분석 전문가)

자신의 꿈이 경제분석 전문가인 학생으로서 평소 경제 고전을 다양하게 읽고 서평 쓰기를 즐겨함. 그중 '지금 당장 이 불황을 끝내라!(폴 크루그먼)'를 읽고 크루그먼의 핵심 사상을 정리하여 자료로 만들어 발표하여 친구들에게 큰 호응을 받음. 고전 읽기의 심화 활동 연계 과정으로 현대 금융 시장의 특징과 변화가 경제에 어떤 영향을 미치는지에 대해 탐구하여 보고서를 작성함. 특히 크루그먼이 언급한 정부의 통화 정책, 재정 정책 등이 중요한 역할을 함을 깨닫고, 현재 정부 정책이나 금융 정책에 대한 구체적인 사례를 들어 설명하는 등 경제 고전 심화 읽기 활동 과정에 열정적으로 참여함. 더불어 덴마크의 노동 시장의 사례를 탐구하여 기업과 노동자 간 신뢰에 따라 고용 안정성과 노동 유연성이 동시에 이뤄질 수 있음을 탐구하여 경제 개념을 실제 사례와 연결 짓는 역량을 드러냄. 또한 경제 상황과 문제를 분석하여 자발적으로 심화 탐구하는 모습을 보임. 1929년 미국의 대공황과 1997년 우리나라의 외환 위기의 전개 과정, 발생 원인, 해결을 위한 정책 등을 비교, 분석한 점이 우수함.

▸ 책의 내용을 사회 교과와 연관 지은 경우

평소 다양한 경제 현상에 대해 흥미를 가지고 탐구하며 매사 수업 시간에 높은 집중력을 발휘하는 모범적인 학생으로 경제 상황에 따른 경제 해결책을 탐색하고 의견을 교류하는 것을 즐김. 더 나아가 국제 사회에서 경제 발전에 기여할 수 있는 사회 경제학 전문가로서의 자질을 함양하기 위해 경제 고전을 읽고 책 속에 담긴 주요 사상을 찾아 발표함. 경제 고전 '지금 당장 이 불황을 끝내라!(폴 크루그먼)'를 읽고 경제 불황이 발생하는 원인과 그에 따른 사회적, 경제적 영향에 대해 알게 된 점을 독후 소감문에 작성함. 특히 크루그먼의 주장과 케인스학파의 이론과 특징에 관심이 생겨 심화 독서 연계 활동으로 케인스학파의 주된 핵심 사상과 특징을 분석하여 보고서를 작성함. 경제적 불평등과 불황을 해결하기 위한 다양한 방안을 토의하고, 국제 경제와 현대 사회의 주요 이슈인 경제적 불평등 문제에 대한 인식을 높이는 카드뉴스를 제작하여 캠페인 활동에 적극적으로 참여하며 미래 사회학자로서의 역량을 함양함. 이뿐만 아니라 경제 현상에 대한 체계적인 지식을 활용하여 경제의 운영 원리를 이해하고, 경제 현상에 내재된 인과 관계를 설명하며, 미래의 경제 변동을 전망하고 창의적으로 대응할 수 있는 역량을 보임.

▸ 케인스학파에 속한 여러 경제학자들의 주장과 핵심 사상을 정리해 보고, 역사적 사례에서 케인스학파의 주장이 적용되어 반영된 경제 정책의 특징을 찾아보자.

▸ 지역 경제가 국가 경제에 미치는 영향을 살펴보고, 특히 지역의 고용, 소비, 투자 등이 국가 경제에 미치는 영향에 대해 분석 보고서를 작성해 보자.

▸ 폴 크루그먼의 또 다른 명저 '국제경제학'을 읽고 크루그먼의 경제학 개념을 비교하는 서평을 작성해 보자.

▸ 책에서 다룬 금융 시스템의 안정성에 대한 주제를 확장하여, 금융 시스템의 현재 상태를 평가하고, 정책적 개선 방안을 작성해 보자.

함께 읽으면 좋은 책

폴 크루그먼, 모리스 옵스펠드, 마그 멜리츠 《**국제경제학**》 시그마프레스, 2022.

폴 크루그먼 《**폴 크루그먼, 좀비와 싸우다**》 부키, 2022.

폴 크루그먼 《**폴 크루그먼의 지리경제학**》 창해, 2021.

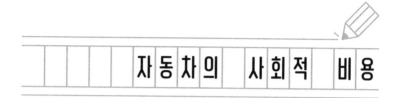

자동차의 사회적 비용

우자와 히로후미 ▸ 사월의책

《자동차의 사회적 비용》은 자동차 사용이 개인의 편의와 자유를 넘어 사회 전체에 미치는 다양한 비용을 집중적으로 분석하는 책입니다. 특히 환경 오염, 교통 체증, 교통사고로 인한 비용, 도시 계획과 인프라에 대한 투자 비용 등을 포괄적으로 다룹니다. 저자 우자와 히로후미는 이러한 사회적 비용을 효과적으로 관리하고 줄이기 위한 다양한 정책과 전략을 제시하며, 이를 통해 지속 가능한 교통 시스템과 생태적 도시 생활을 위한 새로운 방향을 제시합니다.

우자와 히로후미[1928~2014]는 일본을 대표하는 진보적 경제학자입니다. 신고전파적인 근대경제학에서 출발하였으나 사회 제도가 경제 행위에 미치는 영향을 이해하는 데 초점을 둔 '제도 경제학'의 영향을 크게 받고 방향을 전환하였으며, 넓게는 포스트 케인스주의의 일원으로 평가되기도 합니다. 저서로는《자동차의 사회적 비용》,《근대경제학의 재검토》,《경제학의 사고방식》,《지구온난화를 생각한다》등이 있습니다.

《자동차의 사회적 비용》은 총 5부로 이루어져 있습니다.

목차	제목	주요 내용
1부	프롤로그	시민적 권리의 침해
2부	자동차의 보급	자동차와 자본주의
3부	이상한 나라의 자동차	이상한 나라의 자동차 통행
4부	자동차의 사회적 비용	사회적 공통자본
5부	맺음말	정책의 실현 방안

우자와 히로후미는 신고전학파 경제학을 뒤로하고 자유 시장 경제의 결점이 가져온 사회적 문제 해결에 관심을 가지면서 일본 경제의 눈부신 성장을 이끌었던 자동차 기업과 산업 혁명을 대표하는 발명품 '자동차'에서 경제학적 해법을 찾고자 했습니다. 자동차로 이해하는 시장 경제의 한계와 해결 방안을 담은 책이 바로《자동차의 사회적 비용》입니다.

우자와 히로후미는 겉으로 보이는 화려함과 편리함의 이면에 자동차가 발생시키는 각종 해악과 제대로 비용화되지 않는 그 해악의 사회적 비용에 주목했습니다. 히로후미에 따르면, 자동차가 발생시키는 해악은 다음과 같습니다.

첫째, 보행자의 권리, 즉 시민적 권리의 침해입니다. 히로후미는 기본권 중에서도 안전하고 자유롭게 걸어 다닐 수 있는 보행권은 시민사회에서 불가결한 요소라며 하지만 자동차 위주로 구조화된 도시는 보행자의 보행권을 제대로 보장하지 못한다고 강조합니다. 스쿨존 지정, 보행안전법의 시행, 교차로 우회전 통행 방식의 변경 등 보행권을 위한 여러 정책, 제도 등을 시행하고는 있으나 보행자가 자유롭고 안전하게 걸어 다닐 수 있어야 한다는 보행권은 여전히 무시되고 있다고 히로후미는 말합니다.

둘째, 자동차가 배출하는 각종 공해입니다. 자동차가 직접적으로 배출하는 오염 물질부터, 소음, 그리고 자동차의 생산 및 운행을 위해 간접적으로 발생하는 공해까지 그 종류는 다양합니다.

마지막으로 공공 교통의 쇠퇴, 각종 도로 건설로 인한 환경 파괴, 교통 체증으로 인한 비용 발생 등 입니다. 히로후미는 20세기 초만 해도 노면 전차를 중심으로 발달되었던 공공 교통 서비스가 자동차의 대대적인 보급으로 쇠퇴하고, 수송 분담률에서 자동차가 차지하는 비중이 높아졌다는 점을 지적합니다.

이렇게 히로후미는 자동차의 여러 제반 문제를 지적합니다. 하지만 더 큰 문제는 자동차가 발생시키는 사회적 비용이 제대로 계량화되지도 않고, 그 계량화되지 않은 비용마저 운전자가 부담하는 게 아니라 보행자나 거주자에게 전가하고 있다는 점입니다. 게다가 그 피해는 대부분 힘이 없는 사람들, 가난한 사람들이 더 많이 보게 됩니다. 이렇게 발생시킨 비용을 당사자가 책임지는 게 아니라 외부로 전가하는 것을 두고 경제학에서는 '부정적 외부 효과' 또는 '외부 불경제'라고 말합니다.

운전자는 차량을 구입하고 그 차량을 몰기 위해 필요한 비용과 개인이 얻을 편리함과 이익만 생각할 뿐, 그 차량이 사회에 가져오는 각종 피해에 대해서는 제대로 된 대가를 지불하지 않습니다. 따라서 히로후미는 자동차의 사회적 비용을 제대로 산출하고, 운전자들이 그 비용을 제대로 책임지게 하며, 타인의 시민적 권리를 침해하지 않는 방식으로 도로 등을 재정비할 것을 주장합니다. 이와 함께 관련한 자원 배분 및 소득 분배 제도가 바람직한지에 대해 사회적으로 책임있게 가치 판단을 해야 한다고 주장합니다.

비록 히로후미의 주장에 모두 동의하지 않더라도 자동차에 대한 문제의식과 더불어 실용성 이외에 자동차를 자기 과시용으로 사용하는 문화나 후진적인 자동차 운전 문화에 대한 그의 비판의 목소리는 귀 기울여 들을 수밖에 없습니다.

결론적으로 《자동차의 사회적 비용》은 자동차를 사용할 때 드는 진짜 비용을 이해하고, 이에 대한 책임을 인식하는 데 중요한 역할을 합니다. 또한 자동차 중심의 사회에서 벗어나 지속 가능한 대안을 모색하는 데 필요한 통찰력을 제공하며, 결국 올바른 공익을 위한 정책 방향성을 바탕으로 책임 의식을 고취하는 정책 실현의 실마리를 던져 줍니다.

이 책을 통해 자동차의 상징적 의미를 이해하고, 현재 시장 경제의 불평등 구조를 해결하는 대안을 함께 고민해 보면 좋겠습니다.

도서 분야	경제	관련 과목	사회	관련 학과	사회학과, 경제학과, 정치외교학과, 철학과

▶ 기본 개념 및 용어 살펴보기

경제학의 기본 개념 및 용어	
개념 및 용어	의미
사회적 공통 자본	사회 구성원 모두가 공동으로 이용하며, 그 가치와 효용이 사회 전체에 영향을 미치는 자원을 의미함. 공기, 물, 산림과 같은 자연 자원뿐만 아니라 교육, 공공 인프라, 법과 제도 등의 인문적 자원도 포함됨.
사회적 비용	어떤 개인이나 기업의 경제 활동으로 인해 다른 경제 구성원이나 또는 사회 전체가 부담하게 되는 비용을 말함.
외부 불경제	어떤 개인이나 기업의 경제 활동이 제3자에게 의도치 않은 나쁜 영향이나 손해를 주었지만, 시장에서 정당한 대가를 지불하지 않는 상황을 말함.

▶ 시대적 배경 및 사회적 배경 살펴보기

노벨경제학상 후보로 평가받던 우자와 히로후미의 관심을 사로잡은 것은 바로 자동차였다. 히로후미는 자동차 운전자가 연료비와 소유 비용 등 시장 경제에서 자신이 부담해야 할 비용만을 지불할 뿐, 자동차를 사용하며 발생하는 제반 문제, 즉 환경 파괴와 소음 공해, 보행자의 안전 위협 같은 문제에는 책임을 지지 않고 있다고 지적한다. 운전자들이 책임지지 않은 비용은 사회적 비용으로 변환되었고 저소득층이나 교통약자들에게 불공평하게 많이 전가되었다. 이렇게 '자동차'라는 상징을 통해 저자는 시장 경제의 불평등 구조를 알리고 자동차의 사회적 비용을 논의하고, 지속 가능한 교통 및 환경 정책을 적용하는 데 힘쓰기 위해 '자동차의 사회적 비용'을 집필하게 되었다.

현재에 적용하기

'자동차'처럼 자본주의 사회에서 여러 가지 사회적 문제를 일으킬 수 있는 것들에 대해 구체적으로 사례를 찾아 조사해 보자.

생기부 진로 활동 및 과세특 활용하기

▶ 책의 내용을 진로 활동과 연관 지은 경우 (희망 진로: 경제 분석가)

평소 진로 로드맵 활동 시간에 독서를 통해 꿈을 구체화시키고 수업 시간에 학습 개념을 확장하여 적용하는 능력이 뛰어난 학생임. 그중 통합 사회 과목에서 자본주의의 개념을 학습한 후, 자신이 생각하는 자본주의의 장단점에 대해 탐구하고 분석 보고서를 작성함. 특히 자본주의가 낳은 사회적인 문제점에 관심이 생겨 경제 고전 중 '자동차의 사회적 비용(우자와 히로후미)'을 읽고 자신의 생각을 확장하게 됨. 책에서 언급한 '사회적 비용'이라는 측면에서 자동차를 바라보는 시각을 카드뉴스로 제작하여 친구들 앞에서 발표하여 큰 호응을 받음. 심화 독서 프로젝트에서 모둠의 리더를 맡아 자동차라는 주제로 모둠원들의 사회적 비용을 분석하는 활동을 이끄는 모습에서 자신의 진로 분야인 경제 분석가로서의 역량을 함양함. 특히 자동차로 인한 피해는 결국 사회의 가장 약한 사람들에게 집중된다는 점을 강조하며 성장주의와 무한 경쟁에 기초한 오늘의 시장 경제가 앞으로 나아가야 할 방향에 대해 자신의 의견을 명확하게 발표하는 모습에서 미래 경제학도로서의 우수한 역량을 보임.

▸ 책의 내용을 사회 교과와 연관 지은 경우

경제학의 개념과 이론에 대해 관심이 많은 학생으로 경제 고전을 통해 현재 사회 현상에서 일어나는 다양한 경제 상황을 이해하려고 노력함. 경제 고전 중 '자동차의 사회적 비용(우자와 히로후미)'을 읽고 근대경제학의 신고전파 이론의 문제점과 한계를 알게 되었음을 독후 소감문에 작성함. 특히 '경제 고전 함께 읽기' 활동을 통해 사회적 공통 자본에 대해 정의하고, 개념과 활용법을 발표 자료로 제작하여 친구들에게 안내함. 평등주의적 시장 경제가 실현되기 위해서는 사회적 공통 자본이 제공하는 서비스를 유지하는 것이 무엇보다 중요하다는 의견에 공감하며 경제 불평등을 야기하는 문제점을 진단하고 더 나은 미래 사회를 만들기 위한 개선책을 도모해야 함을 주장하는 경제 탐구 보고서를 작성함으로써 창의적 문제 해결 능력과 비판적 사고력을 함양함. 더 나아가 사회적 자본에 대한 다큐멘터리를 시청하고 '불신은 곧 비용이며, 신뢰는 편익'이라는 주장에 대한 자신의 견해를 담은 경제 에세이를 논리적으로 작성함. 특히 신뢰와 공동체 협력이라는 요소가 국내총생산의 증가, 즉 경제 성장으로 이어질 수 있다는 점에 대해 새로 깨달았음을 작성한 점이 돋보임.

▸ 책 속에서 말하는 '자동차'의 상징적인 의미를 분석하고, 자동차의 사회적 비용에 대해 항목별로 자료를 조사해 보자.

▸ 성장과 효율을 앞세워 의료, 교통, 교육 등을 민영화하려는 현실 경제 사회에 자신의 목소리를 담아 전하는 경제 에세이를 작성해 보자.

▸ 우자와 히로후미의 또 다른 명저 '사회적 공통자본'을 읽고 히로후미의 경제학 개념을 비교하는 서평을 작성해 보자.

▸ 독후 심화 활동으로 책에서 언급하는 경제 성장과 생태주의가 왜 양립할 수 없는지에 대해 모둠별로 토의해 보자.

▸ 이 책에서 주장하는 사회적 공유재가 시장에 맡겨질 때 불평등이 심화된다는 이론을 바탕으로 현재 경제 발전에 어떻게 개선하여 반영할 수 있을지 구체적으로 토론해 보자.

함께 읽으면 좋은 책

우자와 히로후미 《사회적 공통자본》 필맥, 2008.

우자와 히로후미 《경제학이 사람을 행복하게 할 수 있을까?》 파라북스, 2015.

제시카 판조 《저녁 식탁에서 지구를 생각하다》 사람in, 2021.

세 계 화 와 　 그 　 불 만

조지프 스티글리츠 ▸ 세종연구원

《세계화와 그 불만》은 세계화의 이면에 숨겨진 문제점들을 집중
적으로 다룬 책입니다. 조지프 스티글리츠는 세계화의 과정이 모든
사람에게 동등하게 이익을 가져다주지 않는다는 점을 강조하며 세
계화가 일부 개발 도상국에서는 부자와 가난한 이들 사이의 격차를
확대시키고, 사회적 불평등을 더욱 심화시킨다고 주장합니다. 또한
세계화가 어떻게 경제적 불안정성을 촉발하는지, 그리고 이런 문제
들이 어떻게 해결될 수 있는지에 대해서도 이야기합니다.

저자 조지프 스티글리츠Joseph E. Stiglitz, 1943~는 미국의 유명한 경제
학자로, 2001년에는 '시장의 비대칭 정보'에 대한 연구로 노벨 경
제학상을 수상하였습니다. 그는 이 외에도 많은 중요한 경제 이론

을 개발하였고, 특히 그의 '불완전한 시장 이론'은 현대 경제학에 큰 영향을 미쳤습니다. 스티글리츠의 저서인 《세계화와 그 불만》은 그의 경제학적 통찰력과 실질적인 정책 경험을 바탕으로 쓰였으며, 세계화의 복잡한 문제를 이해하는 데 큰 도움을 줍니다.

《세계화와 그 불만》은 스티글리츠가 세계은행의 수석 부총재 겸 수석 경제학자를 역임하며 직접 경험한 국제 경제 정책의 실패와 그로 인한 불평등의 확대, 그리고 세계화의 부작용에 대한 심도 있는 이해를 전달하고자 하는 것에서 시작합니다. 그는 이 책을 통해 세계화가 가난한 나라들에 아무런 이익을 가져다주지 못하고 오히려 불평등과 빈곤을 더욱 심화시키는 원인이 무엇인지를 탐구합니다. 특히 국제 금융 기구의 정책 실패와 불평등의 확대, 그리고 이로 인해 발생하는 문제를 바탕으로 세계화에 대한 새로운 접근법을 제안합니다.

이 책은 한국을 포함해 1990년대 후반 동아시아 경제 위기를 다루기도 합니다. 스티글리츠에 따르면 1997년 한국 경제 위기를 낳은 가장 중요한 요인은 자본의 자유화입니다. 스티글리츠는 이 자본의 자유화 정책에 금융 시장과 그와 연관된 기관의 이익을 대변하는 미국 재무부가 크게 영향을 미쳤다며 제도적 장치가 미비한 한국의 조건에서는 이러한 정책이 시기상조였다고 지적합니다. 더욱이 위기가 일어난 후 국제통화기금[IMF]이 제시한 고금리와 재정 긴축 정책은 한국 경제의 특수성을 고려하지 않은 잘못된 처방이었다는 것이 그의 분석입니다.

한국 경제에 대한 이러한 관찰은 말레이시아 경제에 대한 평가와 흥미로운 대조를 이룹니다. 스티글리츠는 IMF의 권고를 거부한 말레이시아가 외환위기를 가장 신속하게 벗어났다는 사실을 강조합니다. 이른바 '워싱턴 컨센서스'의 3대 기둥인 '재정 긴축, 민영화, 시장 자유화'가 모든 국가에 만병통치약이 아니라는 점이 스티글리츠가 전하는 메시지입니다. 이런 맥락에서 스티글리츠는 세계화가 잘못된 방향으로 나아가고 있다고 주장합니다. 잘못된 세계화는 미국 재무부와 국제기구 관료 집단의 그릇된 결정에서 비롯되었으며, 이러한 결정은 금융 시장과 그에 연관된 기관의 이익과 불가분의 관계를 맺고 있다고 비판합니다.

세계화를 올바른 방향으로 재정립하기 위해 스티글리츠가 제시한 대안은 국제기구와 국제 금융 체계의 포괄적 개혁입니다. 특히 이제까지 선진국의 이익을 옹호하는 데 주력했던 국제기구들이 비밀주의적 관행을 청산하고 민주적 토론에 입각한 정책 결정을 통해 개발 도상국을 배려해야 한다고 강조합니다. 이러한 일련의 개혁이 이뤄진다면 인간적인 얼굴을 한 세계화가 가능하다는 게 스티글리츠의 전망입니다.

그는 중요한 것은 세계화를 어떻게 관리하느냐에 있다며, 이를 제대로 관리하지 못했기 때문에 세계화가 결국 실패한 기획으로 평가되었다고 주장합니다. 세계화에 대한 관리 실패는 다양한 양상으로 나타납니다. 구체적으로 일부 기업과 국가에 유리한 불공정한 경제 규칙 및 무역 협정, 다수의 노동자를 배제하고 소수의 대기업에 이익이 집중되는 승자 독식, 그리고 점진적인 불평등 강화와 공동체 파괴 등이 그 예입니다.

스티글리츠가 추구하는 세계화는 '상생하는 세계화'이자 '대안적 세계화'입니다. 이는 세계화가 원래의 목적대로 작동해 모든 국가에 이익을 안겨주는 것을 의미합니다. 새로운 세계화를 위해 그는 다시 한번 IMF와 세계은행의 지배구조 개혁, 즉 공정성과 효율성을 제고하기 위한 세계적 차원의 경제 규칙 개선과 제정을 요구합니다. 이러한 개혁을 통해 세계화가 새롭게 관리될 수 있다면, 세계화는 인류 발전에 기여할 수 있다고 스티글리츠는 주장합니다. 요컨대 세계화와 민주주의를 양립시켜야 한다는 것이 스티글리츠의 결론입니다. 이 책을 통해 세계화 속에서 우리나라가 나아가야 할 방향에 대해 자신만의 성찰과 대안 제시를 해 보면 좋겠습니다.

도서 분야	경제	관련 과목	통합사회, 경제, 정치, 국제 관계의 이해	관련 학과	사회학과, 경제학과, 정치외교학과, 국제학과

▶ 기본 개념 및 용어 살펴보기

경제학의 기본 개념 및 용어

개념 및 용어	의미
세계화	세계화Globalization는 경제, 문화, 정치 등의 다양한 영역에서 국가 간 상호 의존성이 증가하는 현상을 말함. 이는 국경을 넘어 자원과 정보, 인력, 자본이 자유롭게 이동하는 경제적 통합을 의미함.
국제통화기금	국제통화기금IMF, International Monetary Fund은 국제 금융 시스템의 안정을 증진하고 회원국들의 경제적 성장을 지원하기 위해 설립된 국제기구임. 스티글리츠는 IMF의 대출 조건과 정책 추진 방식에 대해 비판적인 입장을 표하며 이를 '글로벌 경제 지배'의 일환이라고 비판함.
자본의 자유로운 이동	자본의 자유로운 이동Free Movement of Capital은 자본이 국경을 넘어 다양한 국가 간에 자유롭게 이동할 수 있는 현상을 말함. 이는 투자의 글로벌화를 의미하며, 글로벌 자본의 유입과 이탈이 경제에 미치는 영향에 대한 논의가 이 책의 중요한 주제 중 하나임.

▶ 시대적 배경 및 사회적 배경 살펴보기

'세계화와 그 불만'이 출간된 2002년에는 글로벌화가 확산되면서 세계 각국의 경제와 금융 시스템이 급격한 변화를 겪고 있었다. 새로운 기술과 통신 수단의 발전으로 인해 자본, 노동, 정보가 국경을 넘어 더욱 자유롭게 이동하는 시대였다. 이러한 글로벌 경제의 변화는 여러 국가와 그 시민들에게 다양한 영향을 미쳤다. 이러한 글로벌 경제의 확장은 많은 혜택을 가져왔지만, 동시에 불평등과 불안정성이라는 사회적 문제도 촉발했다. 스티글리츠는 이러한 문제들을 분석하면서, 특히 IMF와 세계은행 같은 국제기구의 역할과 그들이 도입한 정책이 개발 도상국에서 어떤 영향을 미치는지에 주목했다. 그의 비판적 시각은 글로벌화의 혜택을 공정하게 나누지 못하고, 오히려 불평등을 심화시키고 있다는 사실을 보여주었다.

현재에 적용하기

우리나라가 앞으로 나아가야 할 세계화의 방향성에 대해 구체적인 방안을 가지고 토의해 보자.

생기부 진로 활동 및 과세특 활용하기

▶ 책의 내용을 진로 활동과 연관 지은 경우 (희망 진로: 국제 경제 전문가)

평소 나의 진로와 강점 찾기에 열정적이며 자신의 경제 분석 능력의 우수성을 스스로 잘 알고 있음. 글로벌 경제 전문가를 꿈꾸며 노력하는 학생임. 특히 '독서를 통해 진로 확장하기' 활동 중 하나인 교과서 심화 독서 프로젝트에서 '세계화와 그 불만(조지프 스티글리츠)'을 읽고 세계화의 이면을 탐구하고 자신의 생각을 담은 경제 에세이를 작성하여 발표함. 자신의 진로 분야인 국제 경제 전문가로서의 역량을 기르기 위해 세계화에 따른 불평등에 관심을 가지고 불평등을 해소하기 위한 정책 제안을 고민하여 경제 탐구 보고서를 작성함. 특히 글로벌 경제 성장이 환경 문제에 미치는 영향을 알게 되어 지속 가능한 개발을 위한 방안이나 정책 개발이 시급함을 역설하며 친구들에게 시각 자료로 설명하는 모습이 돋보임. 지속 가능한 정책에 대해 가계, 기업, 정부라는 경제 주체별로 목표를 논리적으로 설정하고, 정부가 기업의 담합 행위를 규제하고 사회 간접 자본을 생산하는 이유는 시장 기능의 불완전성을 보완하기 위해서라고 꼼꼼하게 내용을 작성한 점이 우수함. 이어서 진로 동아리 '경제 세계화 동아리'를 만들어 진로 박람회 부스를 진행하며 리더십을 보임.

▸ 책의 내용을 사회 교과와 연관 지은 경우

국제 사회에서 변화하는 경제 상황을 나타내는 다양한 경제 지표에 대해 문제를 해결하고자 노력하는 학생으로 국제 경제학 분야의 기초 개념을 정립하기 위해 경제 고전 속에서 해답을 찾아 발표함. 그중 '세계화와 그 불만(조지프 스티글리츠)'을 읽고 세계화가 불가피한 사회에서 세계화로 글로벌 경제 위기를 극복할 수 있는 방안에 관심이 생겼음을 독후 소감문에 작성함. 글로벌 경제 위기 극복 방안으로 개발 도상국과 함께 성장하기 위해서는 국제 기구와 정부의 역할과 정책이 필요함을 주장하며 자신만의 세계화 정책의 의미를 담아 경제 에세이를 작성하여 친구들로부터 많은 호응을 받음. 특히 우리나라의 경제 발전 과정에 세계화가 미친 영향을 다각도로 분석함. 더 나아가 세계화가 환경, 에너지, 자원 등에 어떤 영향을 미치는지 자료조사 하여 분석하고, 세계화 과정에서 지속 가능한 발전을 어떻게 확보할 수 있는지에 대해 홍보하는 자료를 만들어 경제 동아리 활동을 통해 의견 수렴하는 과정에 매우 적극적으로 임하며 미래 경제 리더로서의 역량을 함양함.

후속 활동으로 나아가기

▸ 세계화가 미친 영향에 대해 자료를 조사하고, 세계화의 장단점에 대해 자신만의 견해를 담은 경제 에세이를 작성해 보자.

▸ 세계화가 빈부 격차를 심화시킨다는 주장의 근거가 되는 통계 자료를 살펴보고, 개발 도상국에서의 삶이 어떻게 변화되고 있는지를 보고서로 작성하여 경제 불평등을 해소하기 위한 방안에 대해 토의해 보자.

▸ 스티글리츠의 또 다른 명저 '불평등의 대가'를 읽고 스티글리츠의 경제학 개념을 비교하여 서평을 작성해 보자.

▸ 스티글리츠가 제시한 세계화의 이면에 숨겨진 문제를 해결하는 방안에 대해 소개하고, 세계화를 올바르게 재정립하기 위한 방향에 맞춰 시민으로서 가치관을 확립하기 위한 홍보물을 카드뉴스로 제작해 보자.

▸ 모둠별로 세계화와 관련된 주제로 다양한 입장에서 의견을 수렴하고 우리나라가 나아가야 할 세계화의 방향성에 대해 정립해 보자.

함께 읽으면 좋은 책

조지프 스티글리츠 《인간의 얼굴을 한 세계화》 21세기북스, 2008.

조지프 스티글리츠 《불평등의 대가》 열린책들, 2013.

브루스 그린왈드, 조지프 스티글리츠 《창조적 학습사회》 한국경제신문, 2016.

랜덤워크 투자수업

버턴 말킬 ▸ 골든어페어

《랜덤워크 투자수업》은 주식 투자에 관한 중요한 가이드로 널리 인정받고 있는 책입니다. 금융 시장의 복잡한 개념을 명확하고 이해하기 쉽게 전달하며 투자자들이 주식 시장의 움직임을 이해하는 데 필요한 핵심 개념과 원칙을 배울 수 있습니다. 이런 이론적인 부분뿐만 아니라 구체적인 투자 전략과 팁을 제공하므로 안전하고 효과적인 투자 전략을 수립하는 데도 도움을 줍니다.

저자 버턴 말킬Burton G. Malkiel, 1932~은 미국의 경제학자로 투자 전략에 대한 혁신적인 접근법으로 잘 알려져 있습니다. 그는 '효율적 시장 가설'과 '랜덤워크 이론'에 대한 연구로 유명합니다. 그중에서도 《랜덤워크의 투자수업》은 투자에 대한 그의 독특한 접근법을 보여주는 책으로, 그는 주식 시장의 움직임이 무작위적이기에 투자자들이 장기적인 관점에서 다양하게 분산 투자를 해야 한다는 메시지를 전합니다.

버턴 말킬의《랜덤워크 투자수업》은 1970년대의 주식 시장 환경과 말킬 자신의 학문적 연구를 바탕으로 하고 있습니다. 1970년대는 주식 시장이 큰 변동성을 겪은 시기로 많은 투자자가 시장의 불확실성에 대처하기 위한 방법을 찾고 있었습니다. 이런 상황에서 말킬은 '랜덤워크 이론'을 통해 시장의 움직임이 기본적으로 예측 불가능하다는 주장을 제시하며《랜덤워크 투자수업》을 출간하게 됩니다.

《랜덤워크 투자수업》은 총 4부로 구성되어 있습니다. 1부 투자와 가치에서는 투자의 개념과 투자에 관한 이론을 설명합니다. 2부 투자 기술 분석에서는 투자 기술을 기술적 분석과 기본적 분석으로 나누어 설명합니다. 3부 새로운 투자 기술 검증에서는 현대 포트폴리오 이론에 대해 다루며 스마트 베타, 위험 균등, ESG 투자 등 최신 투자 트렌드를 소개합니다. 4부 실전 투자 가이드에서는 주식 투자, 채권, 부동산, 금융 상품 등 투자 전반에 대한 조언을 담고 있습니다.

이 책에 핵심 단어인 랜덤워크는 주식 시장은 정보가 무작위로 반영되기 때문에 시장에서 아무리 뛰어난 투자자라 하더라도 특정 주식의 움직임을 정확하게 예측하는 것이 어렵다는 뜻입니다. 즉 주식 시장에서 랜덤워크란 그 어떠한 것으로도 주가의 변화를 예측할 수 없음을 말합니다.

주식의 탄생기부터 현재까지 주식 시장의 변화를 설명하는 이 책은 과거 주식 시장의 가격이 어떻게 형성되었는지, 투자자의 심리가 어떤 식으로 주가에 반영되는지, 거품 가격이란 무엇이며, 가격 형성과 폭락의 과정은 어떠한지에 대해 과거에 있었던 사건들을 예를 들어 설명합니다.

결국 이 책은 과거부터 현재까지 주식 시장에 대한 수많은 기술적 분석과 기본 분석이 있었고 지금도 생겨나고 있지만, 장기간에 걸친 인덱스 투자의 이익률을 넘어서지는 못했다고 설명합니다. 이는 곧 장기간에 걸친 인덱스 펀드(주가 지수의 흐름에 가까운 종목들을 선택해 운용함으로써 주가지수 상승률만큼의 수익률을 추구하는 펀드)에 투자할 것을 역설하는 것이기도 합니다. 기술적 분석과 기본 분석을 통한 단기간 투자는 많은 거래 비용과 세금이 발생하기에 길게 볼 때 장기적인 인덱스 투자의 이익률이 높다는 것입니다.

요약해 보면, 이 책에서 제시하는 핵심적인 가치는 두 가지입니다. 첫째, 주식 시장이 랜덤워크라는 사실을 이해하는 것입니다. 주식 시장은 랜덤워크로 움직이기 때문에 과거를 통해 미래의 움직임을 예측할 수 없다는 사실, 단기적인 주가는 예측할 수 없다는 사실을 알아야 합니다. 두 번째는 이러한 랜덤워크 시장에서 가장 효율적인 투자 전략을 이해하는 것입니다. 개별 주식을 사고팔거나 액티브 펀드(시장 수익률을 초과하는 수익을 올리기 위해 적극적인 운용 전략을 펴는 펀드)를 보유하는 것보다 인덱스 펀드를 사서 보유하는 편이 투자자에게 훨씬 유리한 전략이라는 점입니다.

또한 이 책의 진정한 요점과 활용 방법은 마지막 장인 4부 실전 투자 가이드에 언급이 되어 있습니다. 개인 투자자로서 시장을 이긴다는 것이 매우 낮은 확률에 도전하는 것임을 깨닫게 하고, 어떻게 시장에서 살아남을 수 있는지 그 방법을 알려주고 있기 때문입니다. 그 방법은 바로 인덱스 펀드 투자, 그리고 생애주기에 근거한 분산 투자로 위험을 낮추는 전략입니다.

사실 많은 투자의 대가들이 이런 기본적인 개념이 바로 투자의 성공 키워드라고 이야기합니다. 하지만 이를 받아들이기가 쉬운 일은 아닙니다. 시간이 오래 걸리고 지루하기도 하고 당장 성과가 눈앞에 보이지 않기 때문입니다. 저자는 무엇보다도 남들과 비교하면서 빠르게 부자가 되고 싶은 욕심을 통제하기 어렵기 때문이라 말합니다.

《랜덤워크 투자수업》의 핵심은 인덱스 펀드 투자이지만 이외에도 투자의 세제 혜택, 분산 투자 방법, 포트폴리오 전략 등과 같이 장기간 투자를 위한 개인 투자자의 세부 전략까지도 알려주고 있습니다. 과거 사례를 통해 실제 이 방법의 성과 사례도 근거로 들고 있습니다.

투자에 성공하기 위해 가장 중요한 것은 원칙을 세우고 이를 긴 시간 동안 실천해 보는 것입니다. 결국은 실천하는 것이 핵심이지만 인간이라 계속 마음이 흔들릴 수밖에 없습니다.《랜덤워크 투자 수업》을 통해 투자에 대한 마음가짐을 새롭게 하고 시간이 지날수록 빛나는 경제 고전의 힘을 경험해 보면 좋겠습니다.

도서 분야	경제	관련 과목	통합사회, 경제, 금융과 생활	관련 학과	사회학과, 경제학과, 경영학과, 금융학과

▶ 기본 개념 및 용어 살펴보기

경제학의 기본 개념 및 용어

개념 및 용어	의미
랜덤워크 이론	랜덤워크 이론Random Walk Theory은 주식 시장의 움직임이 무작위적이라고 보고, 미래의 주가 움직임을 예측하는 것은 불가능하다는 이론임. 과거의 가격 변동이나 패턴을 바탕으로 미래의 주가를 예측하는 것은 신뢰할 수 없는 방법이라는 것이 이 이론의 기본 전제임.
효율적 시장 가설	효율적 시장 가설Efficient Market Hypothesis은 모든 투자자들이 가지고 있는 정보가 주가에 즉시 반영되므로, 미래의 주가 변동을 예측하거나 시장을 이기는 것은 불가능하다는 가설이며 버턴 말킬은 이 가설을 바탕으로 장기적인 관점에서 다양한 분산 투자를 추천함.
분산 투자	분산 투자Diversification는 투자자가 자신의 투자 포트폴리오를 다양한 종류의 자산에 분산시키는 투자 전략으로, 이는 특정 종목이나 시장에 대한 위험을 줄이고, 전체 투자의 안정성을 높이는 데 도움이 됨. 버턴 말킬은 이 책에서 투자자들에게 광범위한 분산 투자를 권장함.

▶ 시대적 배경 및 사회적 배경 살펴보기

'랜덤워크 투자수업'의 시대적 배경은 1970년대 초반으로 전 세계적으로 경제 불안이 높고, 유로달러 공격, 석유 위기 등으로 인해 금융 시장이 큰 변동성을 보이던 때로, 투자에 대한 새로운 접근이 필요한 상황이었다. 또한 1970년대에는 정보 기술의 발전으로 인해 투자자들이 더 많은 정보에 접근할 수 있게 되었으며, 개인 투자자들도 전문가들과 동등한 정보에 접근할 수 있게 되면서 이에 따른 투자 방법의 변화가 요구되었다. 또한 이전까지 전통적으로 금융 시장은 기업의 임원이나 전문가들이 주로 다뤄왔으나 이 시기부터는 일반 개인들이 주식 시장에 참여하는 문화가 형성되기 시작했다. 이러한 배경에서 버턴 말킬은 투자 교육에 대한 필요성에 부응하는 '랜덤워크 투자수업'을 출간하게 된다.

현재에 적용하기

현재 우리나라의 투자 시장에 대해 분석해 보고 금융 관련 직업에 대한 자료를 바탕으로 어떤 역할과 지식이 요구되는지 구체적으로 탐색해 보자.

생기부 진로 활동 및 과세특 활용하기

▸ **책의 내용을 진로 활동과 연관 지은 경우** (희망 진로: 금융 분석가)

평소 회계 및 금융 분야에 대한 관심과 열정이 많은 학생으로 다양한 경제 활동의 결과를 프리젠테이션으로 정리하고 진로 탐구 및 발표 활동에 참여함. 특히 '올바른 가치관을 지닌 금융분석가'라는 명확한 꿈을 가진 학생으로 경제 고전 '랜덤워크 투자수업(버턴 말킬)'을 읽고 습득한 지식을 자신의 관심 분야로 확장하는 능력이 매우 돋보임. 경제 상황에 따른 투자 그래프 변화를 시각 자료로 활용하여 책의 핵심 내용을 소개하며 북큐레이터의 역할을 창의적으로 해냄. 더불어 '금융과 생활' 교과서 내용의 실전, 심화 활동을 연계하여 버턴 말킬의 핵심 사상을 잘 정리 분석하여 자료를 체계화하는 능력이 돋보임. 복리의 힘을 강조하며 분산 투자를 주장한 말킬의 주장에 공감하며 합리적인 장기 투자자가 되고자 다짐하고, 성공한 투자자가 되기 위해서는 자기 자신을 파악하고 통제할 수 있어야 한다고 친구들에게 홍보하고 강조하는 등 미래 금융 경제학 분야의 분석가로서의 역량을 함양함.

▸ 책의 내용을 사회 교과와 연관 지은 경우

사회에서 나타나는 다양한 경제 현상과 금융 투자에 흥미를 갖고 있는 학생으로, 특정 기업에 투자하기 위해 알아야 할 전략에 대해 이해하기 위해 경제 고전 '랜덤워크 투자수업(버턴 말킬)'을 읽고 연계 활동을 함. 말킬의 핵심 사상에 기초하여 '청소년의 금융 투자'라는 경제 동아리를 개설하여 실제 활동 연계 실전 모의 투자 활동 프로젝트를 만들어 동아리 부원들과 함께 적극적으로 참여함. 프로젝트 활동에서 몇 개월간의 주가 그래프의 변화를 보고 꾸준히 상승 중인 기업에 투자하는 전략을 실행함. 초기 점검과 중간, 최종 점검 과정에서 수익화가 발생하는 적절한 타이밍에 대해 알게 되었으며, 프로젝트 결과물 발표회에서 투자 시 고려해야 할 사항에 대해 자신의 생각을 정리하며 친구들의 큰 호응을 이끌어 냄. 자신이 읽은 금융 경제학의 교과서인 '랜덤워크 투자수업'을 통해 '인내심과 충분한 시간을 이용한 분산 투자'라는 핵심 사상이 중요함을 담은 자신만의 경제 에세이를 진솔되게 작성하여 성공적인 청소년 투자자로서의 역량을 함양함. 청소년과 미래 투자자를 연결 짓는 과정에서 함께 미래를 대비하고 소통하는 미래 청년 투자자로서 공동체 소통 역량을 키워나가겠다는 포부를 다짐.

후속 활동으로 나아가기

▸ 금융 동아리 활동으로 실제 모의 투자를 진행하며 수익성, 리스크 관리, 투자 전략 등을 고려하여 최상의 포트폴리오를 시뮬레이션해 보고 미래 자산 관리 역량을 경험해 보자.

▸ 여러 기업 분석 및 금융 지식의 향상을 도모하기 위해 특정 기업을 선택하여 해당 기업의 경영 전략, 산업 동향 등을 분석하고 결과를 발표하는 프로젝트에 참여해 보자.

▸ '학생 금융 및 투자 관련 토론 경제 대회'에 참여하여 투자의 경제학적 원리, 금융 시장의 윤리, 현재 사회에 적용되는 다양한 금융 정책의 영향 등에 대해 토론해 보자.

▸ 최근 경제 금융 뉴스를 스크랩하고 버턴 말킬이 주장한 투자 관련 이론을 어떻게 적용할 수 있는지 분석하여 보고서를 작성해 보자. 이를 통해 이론과 실제 사이의 연결 고리를 경험해 보자.

▸ 금융 분야에 속하는 다양한 직업을 조사하고, 구체적인 업무 내용, 필요한 능력과 자질 및 역량 등에 대해 직업 탐색 보고서를 작성해 보자.

함께 읽으면 좋은 책

버턴 말킬 《지혜롭게 투자한다는 것》 부키, 2021.
벤저민 그레이엄 《현명한 투자자》 국일증권경제연구소, 2020.
버턴 말킬 《시장 변화를 이기는 투자》 국일증권경제연구소, 2009.

명문대 입학을 위해 반드시 읽어야 할

생기부 고전 필독서 30 | 경제 편 |

초판 1쇄 발행 2024년 11월 20일
초판 2쇄 발행 2025년 1월 31일

지은이 김미성
감수 천원영
펴낸이 민혜영
펴낸곳 데이스타
주소 서울특별시 마포구 월드컵로14길 56, 3~5층
전화 02-303-5580 | **팩스** 02-2179-8768
홈페이지 www.cassiopeiabook.com | **전자우편** editor@cassiopeiabook.com
출판등록 2012년 12월 27일 제2014-000277호

• 데이스타는 (주)카시오페아 출판사의 어린이·청소년 브랜드입니다.
• 잘못된 책은 구입하신 곳에서 바꿔 드립니다.
• 책값은 뒤표지에 있습니다.